Mi querida "Hija del Alma"

PARA

"Anita de las Carreras"

con mucho Amor

Hna Valentina

DE

Feliz Cumpleaños

y bendiciones sin fin

en este año Nuevo

2-19-2021

La misión de Editorial Vida es proporcionar los recursos necesarios a fin de alcanzar a las personas para Jesucristo y ayudarlas a crecer en su fe.

SOSIEGO PARA EL ALMA DE LA MUJER
Edición en español publicada por
Editorial Vida – 2007
Miami, Florida

Publicado en inglés con el título:
Tranquility for a Woman's Soul: Simple Thoughts and Scriptures to Calm Your Spirit
Por The Zondervan Corporation

Traducción: *Marcela Robaina*
Edición: *Carolina Galán*
Diseño interior: *Eugenia Chinchilla*
Diseño de cubierta: *Cathy Spee*

ISBN – 10: 0-8297-4806-7
ISBN - 13: 978-0-8297-4806-2

Categoría: RELIGIÓN / Vida cristiana / Inspiración

Impreso en China
Printed in the China

08 09 / 5 4 3 2

SOSIEGO PARA EL *Alma* de la *Mujer*

Reflexiones y escrituras para aquietar *tu* espíritu

Vida®

Paz para infundirles a otros

La sanidad del cielo

Un remanso de paz

EN MEDIO DE LA TORMENTA

La presencia de Dios en medio de la adversidad

SEÑOR, LÍBRAME

Busqué al SEÑOR, y él me respondió;
me libró de todos mis temores...
Este pobre clamó, y el SEÑOR le oyó
y lo libró de todas sus angustias...
Muchas son las angustias del justo,
pero el SEÑOR lo librará de todas ellas;...
El SEÑOR libra a sus siervos;
no serán condenados los que en él confían.

SALMO 34:4, 6, 19, 22

El Salmo 34 comienza con las alabanzas que David eleva a Dios. En medio de las angustias en que estaba sumido, con el corazón abatido por el temor, David conocía y creía en el poder de la oración, entonces buscó al SEÑOR, su segura fuente de ayuda.

Dios le respondió y lo libró de TODOS sus temores, de TODAS sus angustias, de TODAS sus aflicciones. ¡Cómo no iba a rebosar su corazón de alabanza a Dios!

¡Temor! ¡Angustia! ¡Aflicción! ¿Hay alguien que sea ajena a todas estas emociones? El temor invade nuestro corazón, la angustia nos sobrecoge, las aflicciones nos agobian.

Dios puede hacer por mí lo que ayer hizo por David. Él ha prometido librarnos de TODA angustia, de TODA aflicción. La liberación puede no presentarse de la manera que esperábamos, o en el momento que la deseábamos. Es posible que él no nos libre de ellas, pero nos hará libres en medio de ellas.

En los últimos años de su vida, George Frederick Handel perdió todo su dinero, su salud se quebrantó, sufrió una parálisis en el lado derecho, sus acreedores lo amenazaban con la cárcel si no saldaba sus deudas. El compositor no tenía a quién más recurrir sino a Dios. Confiando completamente en que Dios supliría sus necesidades, decidió aislarse y vivir en reclusión, para dedicar el tiempo a la meditación y la oración. Fruto de este tiempo pasado con Dios fue su oratorio más grandioso: El Mesías.

Alguien una vez dijo: «La persona que conoce a Dios y recuerda que Dios tiene el corazón de un padre y siente el cariño de una madre por los suyos, nunca quedará embargada por el temor, ni siquiera cuando todo lo supuestamente estable y permanente se desmorone».[1]

Millie Stamm

MEDITACIONES ACERCA DE

La liberación de Dios

No tengan miedo ... hoy mismo serán testigos de la salvación que el SEÑOR realizará en favor de ustedes.

ÉXODO 14:13

Tuya es, SEÑOR, la salvación;
¡envía tu bendición sobre tu pueblo!

SALMO 3:8

El SEÑOR es mi roca, mi amparo, mi libertador;
es mi Dios, el peñasco en que me refugio.
Es mi escudo, el poder que me salva,
¡mi más alto escondite!

SALMO 18:2

Él nos libró y nos librará de tal peligro de muerte. En él tenemos puesta nuestra esperanza, y él seguirá librándonos

2 CORINTIOS 1:10

Tú me has librado de la muerte,
has enjugado mis lágrimas,
no me has dejado tropezar.
Por eso andaré siempre delante del SEÑOR
en esta tierra de los vivientes

SALMO 116:8–9

Un refugio y un escondite

Un día una mujer joven decidió sencillamente encerrarse en su habitación. Nada la haría salir: ni el llanto de los bebés ni las preguntas inquisitivas del marido. Estaba tan desilusionada con su vida y tan deprimida con el sombrío futuro que tenía por delante que lo único que deseaba era recluirse y ocultarse. ¿Te identificas con ella?

La mayoría de nosotras no prestamos atención [a la necesidad de retirarnos a un lugar secreto] hasta que la vida se ha vuelto insoportable y no vemos otra salida que recluirnos y ocultarnos para no enloquecer, recurso traumático por cierto. Los gritos del bebé son ensordecedores, el pequeño golpea la puerta como si quisiera derribarla, el marido, confuso, se enfurece, y nosotras nos sentimos culpables. ¿No tendríamos que ser capaces de seguir y no bajar los brazos mientras haya alguien que nos necesite? El deseo de escondernos, ¿será porque no tenemos fuerza de voluntad o porque somos irresponsables?

De ningún modo. La necesidad de retraerse es humana, es reconocer el anhelo de la persona que desea tomar distancia y recogerse en la propia intimidad, responde a la necesidad de reponer energías. El problema es que no nos refugiamos tanto como deberíamos. Si nos retiráramos más periódicamente, acudiéramos más seguido a Dios –ya fuera durante unos minutos, horas, o días– no seríamos tan propensas a quedar agotadas de tanta rutina.

El SEÑOR no nos humilla ni nos reprende por desear escondernos. Él dice: «Ven a mí. Te alimentaré y te colmaré. Cuando te retires para estar a solas conmigo, por un breve tiempo, te olvidarás del mundo. Yo soy la roca, tu refugio y escondite».[2]

Judith Couchman

Escóndeme, mi Salvador, escóndeme
en tu santo hogar;
descansando al amparo de tu gloria
tu rostro contemplo ¡oh Dios!

Escóndeme, escóndeme,
escóndeme ¡Bendito Salvador!
Sé mi refugio y guárdame
salvo en tus brazos, SEÑOR.

Escóndeme, cuando la tormenta arrecie
sobre el turbulento mar;
cual paloma surcando el océano
que mi vida vuele hacia ti.

Escóndeme, cuando mi corazón desfallezca,
abatido por el pesar;
cuando con lágrimas procure el consuelo
que solo Tú me puedes dar.

Fanny Crosby

Meditaciones acerca de
Un refugio y un escondite

Cuídame [Señor] como a la niña de tus ojos;
escóndeme, bajo la sombra de tus alas.

Salmo 17:8

Porque en el día de la aflicción
él me resguardará en su morada;
al amparo de su tabernáculo me protegerá,
y me pondrá en alto, sobre una roca.

Salmo 27:5

Tú [Señor] eres mi refugio;
tú me protegerás del peligro
y me rodearás con cánticos de liberación.

Salmo 32:7

Señor, líbrame de mis enemigos,
porque en ti busco refugio.

Salmo 143:9

Pero que se alegren todos los que en ti [Señor]
buscan refugio; ¡que canten siempre jubilosos!
Extiende tu protección, y que en ti se regocijen todos los
que aman tu nombre.

Salmo 5:11

Aunque se desmorone la tierra

Cuando toda nuestra vida y experiencia se tambalean y estremecen, quedando en pie solo lo inconmovible, entonces comprendemos que solo Dios es nuestra roca y nuestro fundamento, y aprendemos a esperar solo en él.

En el Salmo 46:2-5 leemos:

«Por eso, no temeremos aunque se desmorone la tierra y las montañas se hundan en el fondo del mar; aunque rujan y se encrespen sus aguas, y ante su furia retiemblen los montes. Hay un río cuyas corrientes alegran la ciudad de Dios... Dios está en ella, la ciudad no caerá; al rayar el alba Dios le brindará su ayuda».

«No caerá» ¡Qué afirmación inspiradora! ¿Podremos nosotras, tan fácilmente conmovidas por las cosas terrenales, llegar a un lugar donde nada pueda trastornarnos o inquietarnos?

El apóstol Pablo lo sabía. Pablo, en su vida y experiencia había recibido tantos golpes y privaciones que ya no temía perder nada más en su vida, era como si no poseyera nada. Nosotras, si dejamos que Dios cumpla su propósito en nuestra vida, llegaremos también al mismo punto en que ni las pequeñas cosas de la vida ni las grandes y pesadas pruebas serán capaces de quitarnos la paz que sobrepasa todo entendimiento, que es la porción reservada para quienes dependen solo de Dios.

Cuánto anhelamos ese reino inconmovible... Ese reino que puede ser nuestro hogar, si nos sometemos a la intención de Dios y aprendemos a depender solo de él y a descansar siempre en él.[3]

Hannah Whitall Smith

Meditaciones acerca de
Aunque se desmorone la tierra

Siempre tengo presente al Señor;
con él a mi derecha, nada me hará caer.

Salmo 16:8

Pasa la tormenta y desaparece el malvado,
pero el justo permanece firme para siempre.

Proverbios 10:25

Sólo [el Señor] es mi roca y mi salvación;
él es mi protector.
¡Jamás habré de caer!

Salmo 62:2

El fundamento de Dios es sólido y se mantiene firme.

2 Timoteo 2:19

Esperanza para el día radiante de mañana

Una amiga me describe todos sus problemas y pregunta: «¿Puedo tener esperanza? ¿Debo creer que Dios pueda cambiar toda esta situación? ¿Estaré negando la realidad?». Cualquier mujer reflexiva de la actualidad se hace estas preguntas con mucha frecuencia. Hemos oído hablar tanto acerca de la negación y de la falta de adaptación a las circunstancias que podemos confundirlas con la fe y la esperanza bíblica.

Creo que mi amiga expresa una verdadera esperanza bíblica, porque además de poner lo que está de su parte para superar la situación acude a Dios, la fuente de todo socorro. Si estuviera negando la realidad, hundiría la cabeza en un hoyo como el avestruz proverbial, no haría nada y esperaría que Dios se las ingeniara para urdir algún milagro. Dios en su gran misericordia puede ayudarnos cuando nos equivocamos, pero aun los «grandes héroes de la fe» nos aconsejan obrar como si todo dependiera de nosotras y orar como si todo dependiera de Dios. Cuando tomamos una decisión conforme a las promesas de Dios, nos abandonamos en sus brazos y, confiadas en él, nos colocamos en circunstancias difíciles, la esperanza aflora y se multiplica en el alma; se propaga en nosotras y en todas las personas con quienes nos encontremos.

«La mayoría de las personas desean saber si Dios incide realmente en su vida», explica Rebecca Manley Pippert en *La esperanza tiene sus razones*. «¿Podrá Jesús ayudarles a crecer y darle sentido y propósito y guía y fuerzas a su vida? Y cuando respondemos sí, porque hemos experimentado de primera mano su poder en medio del dolor... infundimos esperanza en otras personas».

Reitero: vivir con esperanza, en el sentido bíblico, comienza con el desarrollo del carácter, a fin de entender lo que Dios quiere y de ser aquella mujer que él nos ha llamado a ser. Y Dios nos pide que lo que seamos y hagamos esté basado en la esperanza. La esperanza de sus promesas, la esperanza de su venida, la esperanza del cielo.

Dios, haz de mí una persona llena de esperanza, alguien que infunda esperanza en otras personas. Que mi vida esté llena de esperanza celestial, que tenga «la garantía de lo que se espera, la certeza de lo que no se ve». Dios, no permitas que esa esperanza me defraude.[4]

Judith Couchman

MEDITACIONES ACERCA DE

Esperanza para el día radiante de mañana

Y esta esperanza no nos defrauda, porque Dios ha derramado su amor en nuestro corazón por el Espíritu Santo que nos ha dado.

ROMANOS 5:5

Si por la noche hay llanto,
por la mañana habrá gritos de alegría.

SALMO 30:5

Porque en esa esperanza fuimos salvados. Pero la esperanza que se ve, ya no es esperanza. ¿Quién espera lo que ya tiene? Pero si esperamos lo que todavía no tenemos, en la espera mostramos nuestra constancia.

ROMANOS 8:24–25

Pero yo siempre tendré esperanza,
y más y más te alabaré.

SALMO 71:14

Fortaleza en medio de las sombras

Aquella tarde, mientras golpeaba con un mazo de casi diez kilos unas estacas de hierro de un metro y medio de largo para clavarlas en la tierra, con el propósito de atar luego los delgados troncos de los árboles frutales a estos tutores para que los fuertes vientos no los doblaran, me di cuenta que me sentía demasiado cansada. Ha sido un año muy largo, pensé, y decidí que sería mejor terminar un capítulo de un libro que estaba escribiendo. En cambio, me acosté para descansar, y cuando desperté tenía fiebre. Un análisis de sangre reveló posteriormente que tenía mononucleosis, una enfermedad que, en el mejor de los casos, puede obligarnos a guardar reposo durante seis semanas. De nuevo en cama. El otoño anterior ya había tenido que dejar de trabajar y había asumido con gracia la obligada suspensión. La enfermedad de mi padre había puesto a prueba mi fe en la inconmovible bondad de la voluntad del SEÑOR. Había observado la angustia de mi madre con la esperanza de que se mitigara. La retahíla de percances, máquinas y cuerpos que dejaban de funcionar, había exacerbado mi ánimo; y ahora esto. Esto era la última gota, que colmaba la medida de mi paciencia. Pasaba los días sobre aquella almohada, la cabeza me pesaba como si fuera una tonelada, la fiebre remitía y luego me volvía... mientras resistía el acoso de angustiantes porqués. Me sentía como una niña a quien han castigado reiteradas veces por un error del que no es consciente. Estaba dispuesta a cambiar mi conducta recalcitrante si solo hubiera sabido qué era lo que estaba haciendo mal.

Una tarde, mamá me trajo la comida. Lo último que necesitaba era tener que cuidar de mí. «¿No tienes esa horrible sensación de que hay alguien en algún lado que no nos quiere?», aventuré tímidamente, temerosa de revelar mis sentimientos afligidos.

«No», respondió con ternura. «Siento que Alguien en algún lado sabe que no seremos la clase de persona que él quiere que seamos sin dolor. No te preguntes dónde está el amor de Dios. Esta es su sombra. El amor de Dios está en estas desgracias». Me impuso sus manos y oró para que me sanara. Mi alma escarmentada encontró consuelo y las heridas comenzaron a cicatrizar.

Es una maravilla tener una madre natural que pueda impartirnos gracia espiritual en medio de sus propias tribulaciones. Sin embargo, me di cuenta de que yo también era parte de una herencia mayor. Durante un año tuve que depender de mis coherederos en el reino de Dios, de la «familia adoptiva» de Dios. Me han extendido sus manos de misericordia y de auxilio, y su ayuda.

Esta es la inmensa riqueza de la bondad de su herencia, esta comunión en los gozos y las sombras, este hogar en un mundo inhóspito.[5]

Karen Burton Mains

Meditaciones acerca de

Fortaleza en medio de las sombras

Aun si voy por valles tenebrosos,
no temo peligro alguno porque tú estás a mi lado;
tu vara de pastor me reconforta.
Salmo 23:4

A la sombra de tus alas cantaré,
*porque tú [*Señor*] eres mi ayuda.*
Mi alma se aferra a ti;
tu mano derecha me sostiene.
Salmo 63:7–8

El pueblo que andaba en la oscuridad
ha visto una gran luz;
sobre los que vivían en densas tinieblas
la luz ha resplandecido.
Isaías 9:2

En su angustia clamaron al Señor*,*
y él los salvó de su aflicción.
Los sacó de las sombras tenebrosas
y rompió en pedazos sus cadenas.
Salmo 107:13–14

Mi lugar de morada

La vida cómoda o incómoda que tengamos dependerá en gran medida de la casa que habite nuestro cuerpo, más que de ninguna otra cosa material; de igual manera, la comodidad o incomodidad de nuestra vida interior dependerá del lugar que habite nuestra alma.

Nuestra alma necesita habitar en un lugar acogedor, una morada de paz, aun más que nuestros cuerpos. Cuando el Señor afirma que él ha sido nuestro lugar de morada durante todas las generaciones, la pregunta es: ¿Habitamos en esa morada? Nuestra alma ha sido hecha para Dios. Él es nuestra morada natural, y nunca podremos estar en paz en ningún otro lado.

Cuando leemos que Dios, que es nuestro lugar de morada, también es nuestro baluarte, esto solo puede significar que si vivimos en nuestro lugar de morada, estaremos a salvo y seguros de todos los embates de todo enemigo que pueda atacarnos.

> «Porque en el día de la aflicción
> él me resguardará en su morada;
> al amparo de su tabernáculo
> me protegerá, y me pondrá en alto,
> sobre una roca» (Salmo 27:5).

Quienes estemos refugiados en este lugar de

morada no temeremos nada; ni el terror de la noche, ni la flecha que vuela de día, ni la peste que acecha en las sombras; ni a los miles que caigan a diestra y siniestra, porque ningún mal habrá de sobrevenir al alma que está escondida en esta divina morada.

Es imposible que nos defraude Aquel que cuida de las aves y que tiene contados los cabellos de nuestra cabeza. Él es un baluarte inexpugnable. Tan pronto como guarde todo en esta morada divina, todo temor y ansiedad se disiparán. Mientras continúe quedándome con algo bajo mi cuidado, haré bien en temer y temblar porque vaya si no es un lugar inseguro; pero al cuidado de Dios, ninguna seguridad podría ser más absoluta.[6]

Hannah Whitall Smith

MEDITACIONES ACERCA DE

Mi lugar de morada

El que habita al abrigo del Altísimo
se acoge a la sombra del Todopoderoso.
Yo le digo al SEÑOR*:*
«Tú eres mi refugio, mi fortaleza,
el Dios en quien confío».
Sólo él puede librarte de las trampas del cazador
y de mortíferas plagas,
pues te cubrirá con sus plumas
y bajo sus alas hallarás refugio.
¡Su verdad será tu escudo y tu baluarte!
No temerás el terror de la noche,
ni la flecha que vuela de día,
ni la peste que acecha en las sombras
ni la plaga que destruye a mediodía.
Podrán caer mil a tu izquierda, y diez mil a tu
derecha, pero a ti no te afectará.
No tendrás más que abrir bien los ojos,
para ver a los impíos recibir su merecido.
Ya que has puesto al SEÑOR *por tu refugio,*
al Altísimo por tu protección,
ningún mal habrá de sobrevenirte,
ninguna calamidad llegará a tu hogar.
Porque él ordenará que sus ángeles te
cuiden en todos tus caminos.
Con sus propias manos te levantarán
para que no tropieces con piedra alguna.
SALMO 91:1–12

Ninguna tormenta podrá separarnos

Cuando era niña, todos los jueves por la noche iba a la práctica de coro con mi madre. El director me dejaba sentarme al lado de mi madre y me animaba a cantar con el coro.

Yo estaba radiante de orgullo. ¡Mi madre era la mejor solista del coro! Me apoyaba contra ella e intentaba que mi voz sonara igual, pero mientras ella llegaba a las notas altas con absoluta claridad, mi voz casi siempre se parecía más a un chiflido.

Mi madre sostenía la partitura y volvía las hojas. Cuando yo me perdía, ella me señalaba la nota donde estábamos. No entendía todas las palabras ni sabía leer música, pero no tengo la menor duda de que mi amor por la música y por el SEÑOR se enriqueció con aquellos ensayos semanales de coro.

Anoche pasé a recoger a mi madre por su departamento y la llevé conmigo al coro. Su voz ha perdido fuerza, se quiebra en las notas altas y a veces desentona levemente. Ya no le piden que cante los solos.

Las manos de mamá se cansan cuando sostiene la partitura. Se olvida de darle la vuelta las hojas y se pierde. Le pregunto si quiere compartir mi hoja y ella asiente.

Pienso en el pronóstico del médico. Mamá no es muy mayor, pero tiene una enfermedad similar al Alzheimer. No va a mejorar, y solo es cuestión de tiempo –nadie sabe exactamente de cuánto tiempo– antes de que su situación empeore.

De pronto, las palabras que estamos cantando interrumpen mi pensamiento. Siento la presencia de Dios. Él me recuerda que aunque envejezcamos y nos debilitemos, él nunca cambia. Él nunca dejará de amarnos. Él siempre estará con nosotras.

Vuelvo la mirada a mi madre. Tal vez ella ya no entienda las palabras que intenta cantar, pero yo sé que siente el Espíritu de Dios. Dios no dejará que ni la muerte ni la vida la separen del amor divino.

Gracias, Padre, por tus promesas y por las muchas maneras en que con ternura me aseguras que tú estarás conmigo. Amén.[7]

Marlene Bagnull

Meditaciones acerca de

Ninguna tormenta podrá separarnos

¿Quién nos apartará del amor de Cristo? ¿La tribulación, o la angustia, la persecución, el hambre, la indigencia, el peligro, o la violencia?

Sin embargo, en todo esto somos más que vencedores por medio de aquel que nos amó. Pues estoy convencido de que ni la muerte ni la vida, ni los ángeles ni los demonios, ni lo presente ni lo por venir, ni los poderes, ni lo alto ni lo profundo, ni cosa alguna en toda la creación, podrá apartarnos del amor que Dios nos ha manifestado en Cristo Jesús nuestro Señor.

Romanos 8:35, 37–39

«Aun en la vejez, cuando ya peinen canas,
yo seré el mismo, yo los sostendré.
Yo los hice, y cuidaré de ustedes;
los sostendré y los libraré» [dice el Señor*].*

Isaías 46:4

[Jesús dijo:] Les aseguro que estaré con ustedes siempre, hasta el fin del mundo.

Mateo 28:20

Manantiales escondidos

La mayoría de los árboles obtienen su vida de la savia que fluye apenas por debajo de su corteza. En cambio, en la palmera la savia fluye por el centro del tronco, produciendo nueva vida desde el corazón del árbol.

La vida del cristiano proviene de la vida de Cristo que ha sido injertada en el corazón: «Para que por fe Cristo habite en sus corazones» (Efesios 3:17).

La palmera no solo crece, sino que abunda en los lugares más inhóspitos. ¿Por qué? Porque tiene una fuente oculta de nutrientes. Aunque no parezca haber agua visible, el árbol tiene una gran raíz que se hunde en lo más profundo de la tierra, obteniendo los nutrientes del suelo y buscando manantiales escondidos de agua.

Nosotras tenemos manantiales escondidos del agua de la vida de donde podemos obtener nuestro alimento. Jesús dijo: «¡Si alguno tiene sed, que venga a mí y beba! De aquel que cree en mí, como dice la Escritura, brotarán ríos de agua viva. Con esto se refería al Espíritu que habrían de recibir más tarde los que creyeran en él» (Juan 7:37-39).

La palmera puede soportar vientos y huracanes mejor que cualquier otro árbol, no solo por su mayor resistencia sino porque el tronco tiene la propiedad de ceder y doblarse. Cuando los vientos y las tormentas azoten nuestra vida, nosotras también podremos soportar su furia, cediendo y doblándonos en sumisión a Dios, dejando que él le traiga bien a nuestra vida por medio de los vendavales.

Muchas vidas se han salvado porque encontraron agua cerca de palmeras. Dios quiere que tu vida y la mía conduzcan a otros al agua de la vida.

Cuando nuestra vida abreva de estos divinos manantiales escondidos, crece como la palmera, que se yergue en toda su belleza. Podremos vivir de victoria en victoria por encima de nuestra circunstancias.[8]

Millie Stamm

Meditaciones acerca de

Manantiales escondidos

[Jesús dijo:] Pero el que beba del agua que yo le daré, no volverá a tener sed jamás, sino que dentro de él esa agua se convertirá en un manantial del que brotará vida eterna.

Juan 4:14

No tendrán hambre ni sed,
no los abatirá el sol ni el calor,
porque los guiará quien les tiene compasión,
y los conducirá junto a manantiales de agua.

Isaías 49:10

Haré brotar ríos en las áridas cumbres,
y manantiales entre los valles.
Transformaré el desierto en estanques de agua,
y el sequedal en manantiales.

Isaías 41:18

[Jesús dijo:] Ya todo está hecho. Yo soy el Alfa y la Omega, el Principio y el Fin. Al que tenga sed le daré a beber gratuitamente de la fuente del agua de la vida.

Apocalipsis 21:6

Bendición en medio de la lluvia

Gratitud o quejas. Dos palabras que reflejan dos actitudes distintas de los hijos de Dios con respecto a la relación que tienen con Dios, y más poderosas de lo que solemos pensar porque pueden tanto promover como frustrar la intención divina de colmarnos de consuelo y paz. El alma que se queja no encuentra consuelo en nada.

No siempre podemos dar gracias por todas las cosas, pero siempre podemos dar gracias por el amor y el cuidado de Dios en las pequeñas cosas que atañen a nuestra vida. No hay nada que nos suceda sin su conocimiento y permiso. Él está en todo lo que nos pasa, en alguna parte él estará presente para hacer que aun aquellas cosas más abrumadoras contribuyan a nuestro bien y para su gloria. No debemos darle gracias al Señor por las cosas buenas sino porque él es bueno. No somos lo suficientemente sabios para juzgar si las cosas son realmente, en su esencia, gozos o tristezas. Sin embargo, sabemos siempre que el Señor es bueno, y su bondad nos convence absolutamente de que todo lo que él provee o permite debe ser para nuestro bien; si pudiéramos verlo con sus ojos, sería algo de lo que estaríamos agradecidas de corazón.[9]

Hannah Whitall Smith

Por encima de toda nube
oscura y tormentosa,
brilla el sol; con radiante serenidad
espera devolver a la naturaleza
toda la gloria de su luz.
De igual modo, escondida
tras las nubes de tristeza,
detrás de toda aflicción,
hay un ángel con una bendición
del Padre en la mano.
Sin la tormenta que se abate
sobre el campo bendiciéndolo
con la lluvia, la tierra
no sería más
que un desierto estéril,
arenas desoladas
para el grano que madura.
Si el velo de la tristeza
nunca nublara la luz del alma,
si las ondas de la aflicción
nunca azotaran el sufrido corazón,
el amor y la fe tal vez
nunca darían sus frutos de paz;
la buena semilla de la verdad
del cielo se ahogaría
en un matorral de espinas.
Las tinieblas, la tormenta y los vientos
oscurecen nuestro estío terrenal,
para que el corazón rebelde
se vuelva a nuestro Padre.

Daniel H. Howard

MEDITACIONES ACERCA DE

Bendición en medio de la lluvia

Tú, SEÑOR, mantienes mi lámpara encendida;
tú, Dios mío, iluminas mis tinieblas.

SALMO 18:28

Ahora bien, sabemos que Dios dispone todas las cosas para el bien de quienes lo aman, los que han sido llamados de acuerdo con su propósito.

ROMANOS 8:28

Y no sólo en esto, sino también
en nuestros sufrimientos,
porque sabemos que el sufrimiento
produce perseverancia; la perseverancia,
entereza de carácter;
la entereza de carácter, esperanza.

ROMANOS 5:3–4

Queridos hermanos, no se extrañen del fuego de la prueba que están soportando, como si fuera algo insólito. Al contrario, alégrense de tener parte en los sufrimientos de Cristo, para que también sea inmensa su alegría cuando se revele la gloria de Cristo. Dichosos ustedes si los insultan por causa del nombre de Cristo, porque el glorioso Espíritu de Dios reposa sobre ustedes.

1 PEDRO 4:12–14

Esperando a que pase la tormenta

¡Cuántas horas de espera fueron necesarias para enriquecer de melodías el arpa de David! ¡Cuántas horas de espera en el desierto nos proveerán con «acción de gracias y música de salmos»! Los corazones desfallecidos se elevarán y habrá gozo en la casa celestial de nuestro Padre.

¿Cómo se preparó David para componer aquellas canciones inigualables en este mundo? Acosado por la maldad de los perversos, David elevó su clamor pidiendo la ayuda de Dios, y entonces la esperanza debilitada en la bondad de Dios floreció en una canción de júbilo, afirmando la liberación gracias al poder de nuestro Señor y sus abundantes misericordias.

Una congoja menos habría significado una bendición menos que reclamar. ¡Qué tremenda pérdida la nuestra si David se hubiera librado de las dificultades o los peligros! Quizá nunca hubiéramos conocidos los salmos, que palpitan de emoción, donde el pueblo de Dios encuentra hoy expresión para sus penas y alabanzas...

Como Dios quiere que lleguemos a una mayor comprensión espiritual, no temas el sufrimiento que te sobrevendrá... El soplo del Espíritu Santo en la nueva creación nunca endureció un corazón ni lo volvió insensible sino que lo hizo más afectuoso, tierno y verdadero.[10]

Anna Shipton

¿Han oído hablar acerca de alguna persona que sea un instrumento en manos de Cristo y que no haya tenido un tiempo especial de espera, alguien que nunca haya tenido ningún revés en sus planes, desde el apóstol Pablo, que pasó tres años en el desierto de Arabia cuando posiblemente lo consumía el fuego de anunciar las buenas nuevas, hasta nuestros días?

Estaba ansioso por ir a Siria para hablar acerca de confiar en Jesús; pero ahora él le dice: «Quiero mostrarte lo que es confiar en mí, sin esperar a Siria».

Mi propio caso es mucho menos dramático, pero obedece al mismo principio. Cuando pensé que las puertas se me abrían para una carrera literaria, el doctor irrumpió y dijo lacónicamente: «¡Imposible! Ella deberá elegir entre escribir y trabajar, no puede hacer ambas cosas».

En 1869 comprendí la clara sabiduría de haber tenido que esperar nueve años en las sombras. El amor de Dios es inmutable, él nos ama siempre, aun cuando no veamos o sintamos su amor. Su amor y su soberanía son universales, ninguno es mayor que el otro; por eso él detiene la fruición y el progreso consciente; él sabe mejor que nadie lo que realmente nos hará madurar y enriquecer su obra en nosotros.[11]

Frances Ridley Havergal

Meditaciones acerca de

Esperando a que pase la tormenta

Yo, Señor, espero en ti;
tú, Señor y Dios mío, serás quien responda.

Salmo 38:15

Puse en el Señor toda mi esperanza;
él se inclinó hacia mí y escuchó mi clamor.
Me sacó de la fosa de la muerte,
del lodo y del pantano;
puso mis pies sobre una roca,
y me plantó en terreno firme.

Salmo 40:1–2

Por eso el Señor los espera, para tenerles piedad;
por eso se levanta para mostrarles compasión.
Porque el Señor es un Dios de justicia.
¡Dichosos todos los que en él esperan!

Isaías 30:18

Miren cómo espera el agricultor a que la tierra dé su precioso fruto y con qué paciencia aguarda las temporadas de lluvia. Así también ustedes, manténganse firmes y aguarden con paciencia la venida del Señor, que ya se acerca.

Santiago 5:7–8

Sacudidas hasta los cimientos

El «fundamento de Dios es sólido y se mantiene firme» (2 Timoteo 2:19), y es el único fundamento firme. Por lo tanto, debemos sacudirnos de cualquier otro fundamento a fin de vernos obligadas a apoyarnos solo en el fundamento de Dios. Esto explica la necesidad de esas «sacudidas» que muchos cristianos parecen llamados a experimentar. El Señor se da cuenta de que estamos construyendo nuestras casas espirituales sobre cimientos endebles y de que la casa no podrá resistir cuando arrecien las tormentas de la vida, y entonces no por ira sino a partir de su amor más tierno, él hace estremecer cielo y tierra hasta sacudirnos de encima todas «las cosas movibles», para que solo «permanezca lo inconmovible».

El apóstol explica que las cosas movibles son «las creadas» (Hebreos 12:27); es decir, las que son producto de nuestros propios esfuerzos, los sentimientos que nos animan, las doctrinas que elaboramos, las buenas obras que realizamos. No es porque estas cosas sean malas en sí mismas; es solo que cuando el alma comienza a depender de ellas en vez de apoyarse en el SEÑOR, él se ve obligado a «sacudirnos» para que nos libremos de ellas. Y nos dice que hace estremecer «no solo la tierra sino también el cielo». Esto significa, estoy segura, que es posible tener «elaboraciones» incluso en cuestiones religiosas.

¿Cuánto de la religiosidad de muchos cristianos consiste en «elaboraciones»? No podría decirlo con precisión, pero a veces pienso que muchas de las tormentas y zozobras en asuntos de fe, que tanta angustia les causan a los cristianos en estas épocas, tal vez no sean más que los estremecimientos necesarios para desprendernos de «las cosas creadas» a fin de que solo permanezca «lo inconmovible».[12]

Hannah Whitall Smith

Meditaciones acerca de

Sacudidas hasta los cimientos

En aquella ocasión, su voz conmovió la tierra, pero ahora [Dios] ha prometido: «Una vez más haré que se estremezca no solo la tierra sino también el cielo.» La frase «una vez más» indica la transformación de las cosas movibles, es decir, las creadas, para que permanezca lo inconmovible. Así que nosotros, que estamos recibiendo un reino inconmovible, seamos agradecidos. Inspirados por esta gratitud, adoremos a Dios como a él le agrada, con temor reverente.

Hebreos 12:26–28

Por eso dice el Señor *omnipotente:*
«¡Yo pongo en Sión una piedra probada!,
piedra angular y preciosa para un cimiento firme;
el que confíe no andará desorientado.

Isaías 28:16

«Que se aparte de la maldad todo el que
invoca el nombre del Señor*».*

2 Timoteo 2:19

[Jesús dijo:] Por tanto, todo el que me oye estas palabras y las pone en práctica es como un hombre prudente que construyó su casa sobre la roca. Cayeron las lluvias, crecieron los ríos, y soplaron los vientos y azotaron aquella casa; con todo, la casa no se derrumbó porque estaba cimentada sobre la roca.

Mateo 7:24–25

Alma mía, no te inquietes

Alma mía, ¿has pensado acerca de estas palabras «Quédense quietos, reconozcan que yo soy Dios» (Salmo 46:10)? En la hora de la tribulación, tus oraciones aparentemente no reciben respuesta. ¡Con cuánta frecuencia te ha parecido que la respuesta la has recibido mucho después! En el momento de la tormenta, del estremecimiento de la tierra y del fuego abrasador, el corazón no obtuvo ninguna respuesta cuando clamaba. Pero cuando cesó el llanto, cuando volvió la calma, cuando tu interés por otros se abrió paso a través de la tragedia de tu propia vida, entonces apareció la respuesta tanto tiempo anhelada. Alma mía, no te inquietes y descansa si quieres obtener el deseo de tu corazón. Tranquiliza los latidos de tu corazón, deja de preocuparte tanto de tus asuntos personales. Pon hoy tu atribulada tormenta sobre el altar de Dios, y esta misma noche se te aparecerá el Señor. El arco iris divino se extenderá cuando las aguas de la inundación comiencen a bajar, y en la quietud de tu alma escucharás la música eterna.[13]

Extracto de Manantiales en el desierto

Para Dios todo es posible. Él puede pronunciar una palabra y conceder los deseos de nuestro corazón. Dios dijo: «¡Que exista la luz! Y la luz llegó a existir» (Génesis 1:3). Dios puede darme paz con solo mirarme. Cuando la agitación de pensamientos me turbe, Dios puede mandar a mi alma que se calme. Todas las tormentas le obedecen.

Cuando Dios obra en mí, no temeré ningún obstáculo que la tierra o el infierno pongan en mi camino.

Que nada te oculte de mi vista. Quiero mirar a través de todo y verte. No dejes que baje la vista ni por amor ni por esperanza. Ayúdame a comprender que toda la creación está en el hueco de tu mano. Sosténme en tus manos para guardarme del mal. Déjame vivir al amparo de tu sombra. Entonces estaré segura. Entonces encontraré refugio.[14]

Elizabeth Singer Rowe

MEDITACIONES ACERCA DE

Alma mía, no te inquietes

¿Por qué voy a inquietarme?
¿Por qué me voy a angustiar?
En Dios pondré mi esperanza
y todavía lo alabaré.
¡Él es mi Salvador y mi Dios!
Me siento sumamente angustiado;
por eso, mi Dios, pienso en ti
desde la tierra del Jordán,
desde las alturas del Hermón,
desde el monte Mizar.

SALMO 42:5–6

Me alegro y me regocijo en tu amor,
porque tú [SEÑOR] has visto mi aflicción
y conoces las angustias de mi alma.

SALMO 31:7

Porque el SEÑOR tu Dios está en medio de ti
como guerrero victorioso.
Se deleitará en ti con gozo,
te renovará con su amor,
se alegrará por ti con cantos.

SOFONÍAS 3:17

Cuando en mí la angustia iba en aumento,
tu consuelo llenaba mi alma de alegría.

SALMO 94:19

Fortalecida por las tormentas

Algunas de las tormentas de la vida son imprevistas: una gran aflicción, un disgusto amargo, una derrota aplastante. Otras se anuncian sin prisa; apareciendo sobre el límite borroso del horizonte, sin ser más grandes que una mano. Pero esa preocupación que parecía tan insignificante luego extiende sus nubarrones hasta cubrir el cielo y abrumarnos.

Sin embargo, Dios nos equipa para el servicio justamente cuando la tormenta se abate sobre nosotras. Cuando Dios desea un roble, lo planta allí donde arrecian las tormentas y la lluvia se desata sobre él. En su lucha nocturna contra los elementos el roble se hace fuerte hasta llegar a convertirse en el rey del bosque.

Cuando Dios quiere hacer una persona, la pone en medio de alguna tormenta. La historia de la humanidad ha sido siempre violenta y accidentada. Ninguna persona será completa hasta no haber pasado por el furor inclemente de la tormenta y haber conocido la sublime realidad de la oración: «Oh Dios, tómame, rómpeme, moldéame».

La belleza de la naturaleza aflora después de la tormenta. La belleza agreste de las montañas surge después de la tormenta, y los héroes en esta vida son aquellas personas que han sido abatidas por las tormentas y llevan sobre sí las cicatrices de las batallas.

Tú has vivido las tormentas y te han azotado los vientos. ¿Te han dejado rota, fatigada y golpeada en el valle, o te han elevado a las cumbres radiantes de una femineidad más rica, más profunda y más firme? ¿Te identificas más con aquellas personas que han pasado por las tormentas de la vida y superado las batallas?

El viento rudo matar no puede el árbol que Dios plantó.
El viento sopla del oeste, vira y luego arrecia del este.
Las hojas no encuentran descanso.
Pero siempre es mejor el viento que la calma.
El árbol plantado por Dios tendrá
raíces más profundas,
su copa será más alta,
sus ramas se extenderán más,
porque en la voluntad divina,
Dios colmará toda su necesidad.

No habrá tormenta que pueda derribar
el árbol que Dios conoce:
ningún rayo, ninguna lluvia torrencial,
ningún relámpago, ningún viento huracanado.
Cuando cese el furor de la tormenta,
el árbol que Dios conoce permanecerá en pie,
como desde el primer día, y hasta su día final, prosperará en su hermosura.[15]

Extracto de Manantiales en el desierto

Meditaciones acerca de

Fortalecida por las tormentas

Te basta con mi gracia, pues mi poder se perfecciona en la debilidad. Por lo tanto, gustosamente haré más bien alarde de mis debilidades, para que permanezca sobre mí el poder de Cristo. Por eso me regocijo en debilidades, insultos, privaciones, persecuciones y dificultades que sufro por Cristo; porque cuando soy débil, entonces soy fuerte.

2 Corintios 12:9–10

¿Acaso no lo sabes?
¿Acaso no te has enterado?
El Señor *es el Dios eterno,*
creador de los confines de la tierra.
No se cansa ni se fatiga,
y su inteligencia es insondable.
Él fortalece al cansado
y acrecienta las fuerzas del débil.
Aun los jóvenes se cansan, se fatigan,
y los muchachos tropiezan y caen;
pero los que confían en el Señor
renovarán sus fuerzas;
volarán como las águilas:
correrán y no se fatigarán,
caminarán y no se cansarán.

Isaías 40:28–31

El pastor cuida de mí

En verdes pastos me hace descansar. Junto a tranquilas aguas me conduce.

Salmo 23:2

El pastor está en el centro de la vida de su rebaño. Él provee todas las necesidades de cada una de sus ovejas, para que no les falte nada.

Las ovejas no pastan tranquilamente si tienen motivo para sentirse temerosas, y son animales muy asustadizos. Sin embargo, tan pronto como el pastor aparece y camina en medio del inquieto rebaño, se calman.

Las vidas de muchos cristianos están llenas de temor, plagadas de agitación y de frustración. Nuestro Buen Pastor aparece en medio de nosotras y dice: «Así que no temas, porque yo estoy contigo» (Isaías 41:10). Su presencia en medio de nuestra necesidad borra el temor y nos hace descansar.

Las ovejas no se tenderán en la hierba si tienen hambre. El pastor busca los mejores prados para ellas. El Buen Pastor sabe que necesitamos estar bien alimentadas para tener satisfacción interior. De las verdes praderas de su Palabra, él provee el alimento para nuestro espíritu. Saciadas con su Palabra, podemos descansar en plácido contentamiento.

De vez en cuando, él tiene que obligarnos a descansar. Para ello, puede hacernos pasar por una enfermedad, la soledad, la aflicción de corazón, o una pena.

El pastor no solo conduce a su rebaño a las verdes praderas para que se alimente y descanse, sino que lo lleva junto a aguas tranquilas. Las apacibles aguas nos refrescan. La palabra «tranquilas» también puede traducirse como «de reposo». Las ovejas nunca beberán de un torrente. Por instinto saben que si su manto de lana se impregna de agua, podrían ahogarse. A veces el pastor levanta un pequeño dique perpendicular al arroyuelo torrentoso para que el rebaño pueda abrevar de las aguas «de reposo».

Hay ocasiones en que nos sentimos anegadas por los torrentes de la vida. Entonces Dios tiene que construir un dique para que podamos venir y beber del Agua de la Vida. Descubriremos que las circunstancias que más temíamos pueden traernos mucha frescura espiritual. Nuestro Buen Pastor se complace al ver su rebaño feliz y distendido, refrescado y contento con su compañía.

¿Te has alimentado y refrescado hoy? ¿Has sido saciada? «Dichosos los que tienen hambre y sed de justicia, porque serán saciados» (Mateo 5:6).[16]

Millie Stamm

MEDITACIONES ACERCA DE

El pastor cuida de mí

[El SEÑOR,] como un pastor que cuida su rebaño,
recoge los corderos en sus brazos;
los lleva junto a su pecho,
y guía con cuidado a las recién paridas.

ISAÍAS 40:11

Así dice el SEÑOR omnipotente: Yo mismo me encargaré de buscar y de cuidar a mi rebaño. Como un pastor que cuida de sus ovejas cuando están dispersas, así me ocuparé de mis ovejas y las rescataré de todos los lugares donde, en un día oscuro y de nubarrones, se hayan dispersado ... Las haré pastar en los mejores pastos, y su aprisco estará en los montes altos de Israel. Allí descansarán en un buen lugar de pastoreo y se alimentarán de los mejores pastos de los montes de Israel. Yo mismo apacentaré a mi rebaño, y lo llevaré a descansar. Lo afirma el SEÑOR omnipotente. Buscaré a las ovejas perdidas, recogeré a las extraviadas, vendaré a las que estén heridas y fortaleceré a las débiles, pero exterminaré a las ovejas gordas y robustas. Yo las pastorearé con justicia.

EZEQUIEL 34:11–12, 14–16

[Jesús dijo:] Yo soy el buen pastor; conozco a mis ovejas, y ellas me conocen a mí, así como el Padre me conoce a mí y yo lo conozco a él, y doy mi vida por las ovejas.

JUAN 10:14-15

Hasta el viento y el mar le obedecen

Apenas contesté el teléfono supe que algo no andaba bien.

—He perdido el empleo —me dijo mi esposo.

—¡No puede ser! ¿Por qué? ¿Qué pasó? —pregunté, reprimiendo el pánico en el tono de mi voz.

—Recortes financieros —me respondió, suspirando—. No soy el único, han despedido a más personas.

Unos días después fui a la iglesia para uno de los ensayos finales de la obra teatral que había escrito para el coro de niños. Uno de mis pequeños amigos especiales vino corriendo hacia mí y me puso algo en la mano.

—Un regalito para ti. Lo compré en una venta económica.

—Qué hermoso, Janeen —dije mientras admiraba el pequeño prendedor de un velero azul. Lo prendí a mi blusa y le di un abrazo.

El resto de los veinticinco integrantes del coro llegó, y comenzamos el ensayo. Estaban emocionados, nerviosos, llenos de entusiasmo, y muy escandolosos mientras cantábamos el tema principal de la obra: «Soy de él y él es mi mejor amigo. Él nunca me defraudará...».

Yo estaba convencida de esas palabras cuando las escribí. ¿Por qué?, me preguntaba, ¿por qué no puedo creer en ellas ahora?

Miré el prendedor que me había dado Janeen. El velero me recordaba la tormenta en el mar de Galilea, el temor que había sobrecogido a los discípulos, y la manera en que Jesús había calmado el mar.

Yo hice que no zozobraran, y haré que tú tampoco zozobres, sentía que me decía el SEÑOR.

Tres meses después, mi esposo seguía sin trabajo, pero no nos habíamos hundido. Había días que me sentía sacudida por las olas encrespadas de la preocupación y del temor. Me preguntaba si alguna vez volveríamos a navegar en aguas tranquilas. Tal vez no. Dios no nos ha prometido una vida libre de problemas, pero sí nos ha prometido estar con nosotros siempre. Podemos conocer su paz en medio de las aguas turbulentas de la vida.[17]

Marlene Bagnull

Hasta el viento y el mar le obedecen

Ese día al anochecer, les dijo a sus discípulos: -Crucemos al otro lado.

Dejaron a la multitud y se fueron con él en la barca donde estaba. También lo acompañaban otras barcas. Se desató entonces una fuerte tormenta, y las olas azotaban la barca, tanto que ya comenzaba a inundarse. Jesús, mientras tanto, estaba en la popa, durmiendo sobre un cabezal, así que los discípulos lo despertaron. —Maestro —gritaron, —¿no te importa que nos ahoguemos?

Él se levantó, reprendió al viento y ordenó al mar:

—¡Silencio! ¡Cálmate! El viento se calmó y todo quedó completamente tranquilo.

—¿Por qué tienen tanto miedo? —dijo a sus discípulos—. ¿Todavía no tienen fe?

Ellos estaban espantados y se decían unos a otros: —¿Quién es éste, que hasta el viento y el mar le obedecen?

MARCOS 4:35–41

En su angustia clamaron al SEÑOR,
y él los sacó de su aflicción.
Cambió la tempestad en suave brisa:
se sosegaron las olas del mar.
Ante esa calma se alegraron,
y Dios los llevó al puerto anhelado.
¡Que den gracias al SEÑOR por su gran amor,
por sus maravillas en favor de los hombres!

SALMO 107:28–31

Después de la tormenta

Así como la primavera sucede al invierno,
y los árboles desnudos se cubren de hojas,
y la tierra sombría se viste de verde;
En el amanecer todos anuncian su gozo.

Mi sol regresa con alas de sanidad,
mi alma y mi cuerpo se regocijan,
mi corazón rebosa y entona alabanzas
a Aquel que escuchó mi clamor.

Terminó el invierno, las tormentas pasaron,
ya no hay nubes en el horizonte;
pero si el cielo tornara a cubrirse,
yo me esconderé en mi refugio.

Tengo un refugio ante la tormenta,
donde reposar cuando mi corazón desfallece;
tengo acceso a su trono,
al trono del Dios más excelso.

Tú, que me has hecho andar
por un camino llano, bueno y agradable,
me has colmado de bendición en la juventud y en la ancianidad;
atravesando el valle de lágrimas, lo has convertido en región de manantiales.

Con diligencia meditaré en mi porvenir,
y cumpliré tu voluntad con alegría de corazón.
Todo lo que te puedo dar, ya tuyo es;
no es más que una pequeña ofrenda de amor.[18]

Anne Bradstreet

El viento y el mar te obedecen,
¡Silencio! ¡Cálmate!
Ora el furor de la tormenta se abate sobre el mar,
ora los demonios y los hombres, o cualquier otro mal;
nada podrá hacer zozobrar la barca donde descansa
el SEÑOR *de los mares, de la tierra, y de los cielos;*
Todos con humildad se doblegan a tu voluntad.
¡Silencio! ¡Cálmate!
¡Silencio! ¡Cálmate!
Todos con humildad se doblegan a tu voluntad.
¡Silencio! ¡Cálmate!

SEÑOR, *el espanto ya pasó,*
se sosegaron los elementos;
el lago cual un espejo refleja la luz del sol,
y yo siento su presencia celestial en mí.
¡Quédate, bendito Redentor!
No me dejes sola.
Con alegría me llevarás al puerto anhelado,
y descansaré en aquella ribera de dicha.

Mary A. Baker

MEDITACIONES ACERCA DE

Después de la tormenta

Y después de que ustedes hayan sufrido un poco de tiempo, Dios mismo, el Dios de toda gracia que los llamó a su gloria eterna en Cristo, los restaurará y los hará fuertes, firmes y estables.
1 PEDRO 5:10

De hecho, considero que en nada se comparan los sufrimientos actuales con la gloria que habrá de revelarse en nosotros.
ROMANOS 8:18

La actitud de ustedes debe ser como la de Cristo Jesús,
quien, siendo por naturaleza Dios,
no consideró el ser igual a Dios como algo a qué aferrarse.
Por el contrario, se rebajó voluntariamente,
tomando la naturaleza de siervo
y haciéndose semejante a los seres humanos.
Y al manifestarse como hombre,
se humilló a sí mismo
y se hizo obediente hasta la muerte,
¡y muerte de cruz!
Por eso Dios lo exaltó hasta lo sumo
y le otorgó el nombre que está sobre todo nombre,
para que ante el nombre de Jesús
se doble toda rodilla en el cielo y en la tierra
y debajo de la tierra, y toda lengua confiese
que Jesucristo es el SEÑOR,
para gloria de Dios Padre.

FILIPENSES 2:5–11

O Dios, haznos hijos de quietud y herederos de paz.

Clemente de Roma

Porque así dice el SEÑOR *omnipotente, el Santo de Israel:*

«En el arrepentimiento y la calma está su salvación,
en la serenidad y la confianza está su fuerza,
¡pero ustedes no lo quieren reconocer!»

ISAÍAS 30:15

Oh Dios, por medio de la muerte de tu hijo, tú nos has reconciliado a unos con otros, acercándonos en el vínculo de la paz. En la hora de adversidad y de problemas, que tu paz nos sostenga, calmando nuestros corazones ansiosos y angustiados, y nos libre de toda malicia y violencia.

Oración antigua

Bueno es el SEÑOR *con quienes en él confían,*
con todos los que lo buscan.
Bueno es esperar calladamente
a que el SEÑOR *venga a salvarnos.*

LAMENTACIONES 3:25–26

Que haya paz en tu corazón; que nada en este mundo lo turbe: todo llega a su fin.

San Juan de la Cruz

La gracia, la misericordia y la paz de Dios el Padre y de Jesucristo, el Hijo del Padre, estarán con nosotros en verdad y en amor.

2 JUAN 1:3

El pensar en la grandeza de Dios me hizo sonreír:
cómo discurre alrededor de nuestra pequeñez,
cómo su paz calma nuestra inquietud.

Elizabeth Barrett Browning

Allí donde reina nuestro SEÑOR, reina la paz.

Julian of Norwich

El producto de la justicia será la paz;
tranquilidad y seguridad perpetuas
serán su fruto.

ISAÍAS 32:17

Cual glorioso río es la paz perfecta de Dios,
torrente victorioso en todo,
perfecto, porque fluye con más caudal cada día,
perfecto, porque su canal es más profundo,
descansando en Cristo, mi corazón halla su contento,
y encuentra bendición: perfecta paz y solaz.

Frances Ridley Havergal

Un espíritu
SERENO

UN LUGAR DE SOSIEGO EN EL FRAGOR DEL MUNDO

Corre al baluarte del Señor

La Reina gritaba: «¡Rápido! ¡Más rápido!», pero Alicia sentía que no podía correr más rápido, y ya no tenía aliento para decírselo. Lo más curioso era que los árboles y el resto de las cosas que había a su alrededor no parecían pasar. A pesar de cuan rápido corrieran, parecía como si siempre estuvieran en el mismo lugar.

Justo cuando Alicia estaba por desfallecer de agotamiento, se detuvieron. Miró a su alrededor, muy sorprendida: «Pero, creo que hemos estado todo el tiempo debajo de este mismo árbol ¡Nada ha cambiado! ¡Todo está igual!».

«¡Por supuesto!», respondió la Reina. «Tienes que correr lo más que puedas para que todo permanezca en el mismo sitio. Si quieres llegar a algún lado, debes correr el doble de rápido».

Como Alicia con la Reina Roja en Alicia a través del espejo, somos una generación de mujeres que no dejamos de correr de un lado a otro. De prisa, para llegar a la oficina; luego para apresurar a los niños; visitar a una vecina; una vuelta rápida por la tienda de comestibles. Estamos siempre corriendo, y parece que no llegamos a ningún lado. De tanto correr, desearíamos huir.

¿Dónde hemos aprendido que este correr sin descanso es una virtud? Sin duda, tenemos responsabilidades y es evidente que debemos cumplir nuestras obligaciones. Pero, ¿cómo saber cuándo hemos corrido demasiado? ¿Cuánto más podemos seguir corriendo antes de desplomarnos? A menudo, ese «demasiado» llega antes de lo previsto, y sin tiempo para descansar podemos agotarnos sin aviso, de un momento a otro.

Pero tengo buenas noticias. Está bien, e incluso es necesario, que dejemos todo y huyamos de todo.

Dios nos invita a correr a él y luego a dejar de correr, a refugiarnos en su fuerte baluarte, lejos del fragor del mundo. El salmista lo recuerda:

En mi angustia invoqué al Señor;
clamé a mi Dios,
y él me escuchó desde su templo;
¡mi clamor llegó a sus oídos!
Extendiendo su mano desde lo alto,
tomó la mía
y me sacó del mar profundo.
(Salmo 18:6, 16).

Tal vez no estemos naufragando en aguas profundas, pero Dios sabe que encallar, o aun correr en círculos, puede ser igual de arriesgado y de agotador. Por eso él escucha nuestro clamor, porque quiere responder. Él dispone una mesa para nosotras, un banquete para que nos deleitemos. Abre las puertas de par en par y nos invita a pasar. Quiere protegernos del adversario, aun cuando el enemigo sea nuestro propio ajetreo. Él ha prometido volver a henchir nuestra alma.[19]

Judith Couchman

Meditaciones acerca de

Corre al baluarte del Señor

Envía tu luz y tu verdad;
que ellas me guíen a tu monte santo,
que me lleven al lugar donde tú habitas.
Llegaré entonces al altar de Dios,
del Dios de mi alegría y mi deleite,
y allí, oh Dios, mi Dios, te alabaré al son del arpa.

Salmo 43:3–4

Pero yo clamaré a Dios,
y el Señor me salvará.
Mañana, tarde y noche
clamo angustiado, y él me escucha.

Salmo 55:16–17

Desde los confines de la tierra te invoco [Señor],
pues mi corazón desfallece;
llévame a una roca donde esté yo a salvo.
Porque tú eres mi refugio,
mi baluarte contra el enemigo.

Salmo 61:2–3

Daré de beber a los sedientos y saciaré a los que estén
agotados, [dice el Señor].

Jeremías 31:25

Frescura celestial

El rocío es la fuente de frescura con que la naturaleza renueva la superficie de la tierra. Cae de noche, y si no fuera por el sereno, la vegetación moriría. Este enorme valor de regeneración del rocío se reconoce con mucha frecuencia en las Escrituras, y se usa como símbolo de la renovación espiritual. Igual que el rocío se esparce por la naturaleza, así también el Señor renueva a su pueblo. En Tito 3:5, el mismo pensamiento de renovación espiritual lo encontramos relacionado con el ministerio del Espíritu Santo, «la renovación en el Espíritu Santo».

Muchos cristianos no se dan cuenta de la importancia del rocío celestial en su vida, y en consecuencia, carecen de frescura y vigor. Su espíritu languidece y se marchita por falta de rocío.

Querida colaboradora, tú que reconoces el sinsentido del obrero que procura trabajar todo el día sin comer, ¿no te das cuenta de que tampoco tiene sentido que el siervo de Dios procure ministrar sin haber comido del maná celestial?

No basta con un refrigerio espiritual de vez en cuando.

Debes recibir «la renovación del Espíritu Santo» todos los días. Reconoces la diferencia cuando todo tu ser palpita con el impulso y la frescura de la presencia de Dios en tu vida, y cuando te sientes exhausta y agotada. El rocío cae con la quietud y el sereno de la noche. Entonces la hoja y la brizna dejan de moverse y los poros de la vegetación se abren para recibir el baño reparador y tonificante. Así también el rocío espiritual desciende sobre nosotras cuando permanecemos quietas por un cierto tiempo en la presencia del SEÑOR. Si tienes prisa, no podrás recibir el rocío. Espera en Dios hasta que te sientas saturada de su presencia; y después cumple con tus obligaciones, sabiendo que cuentas con la frescura y el vigor de Cristo.[20]

Extracto de Manantiales en el desierto.

Meditaciones acerca de

Frescura celestial

Que Dios te conceda el rocío del cielo.

Génesis 27:28

Tú, oh Dios, diste abundantes lluvias;
reanimaste a tu extenuada herencia.

Salmo 68:9

Pero cuando se manifestaron la bondad y el amor de Dios nuestro Salvador, él nos salvó, no por nuestras propias obras de justicia sino por su misericordia. Nos salvó mediante el lavamiento de la regeneración y de la renovación por el Espíritu Santo, el cual fue derramado abundantemente sobre nosotros por medio de Jesucristo nuestro Salvador.

Tito 3:4–6

"«Así como la lluvia y la nieve
descienden del cielo,
y no vuelven allá sin regar antes la tierra
y hacerla fecundar y germinar
para que dé semilla al que siembra
y pan al que come,
así es también la palabra que sale de mi boca:
No volverá a mí vacía,
sino que hará lo que yo deseo
y cumplirá con mis propósitos» [dice el Señor].

Isaías 55:10–11

Como los lirios del campo

Crecer en la gracia es lo contrario a crecer dependiendo de nosotras mismas y de nuestros propios esfuerzos. Es poner nuestro crecimiento, como todas las demás cosas, en las manos del SEÑOR y dejar que él se encargue. Es estar tan satisfechas con el cuidado de nuestro SEÑOR, con su idoneidad y sabiduría, que no tendremos la menor sombra de duda con respecto a su tratamiento o a su plan de cultivo. Creceremos como crecen los lirios, o como crecen los bebés, sin preocupación ni ansiedad; creceremos por el poder de un principio de vida interior que no puede hacer otra cosa salvo crecer; creceremos porque vivimos, y por lo tanto debemos crecer; crecer porque el que nos sembró, sembró un ser viviente, y el propósito es que crezcamos.

Sin duda, esto era lo que quiso decir el SEÑOR al afirmar: «Observen cómo crecen los lirios del campo. No trabajan ni hilan; sin embargo, les digo que ni siquiera Salomón, con todo su esplendor, se vestía como uno de ellos» (Mateo 6:28-29).

O cuando reitera: «¿Quién de ustedes, por mucho que se preocupe, puede añadir una sola hora al curso de su vida?» (Mateo 6:27). Ni los bebés ni los lirios del campo se esfuerzan por crecer. Los lirios del campo no trabajan ni hilan, no se estiran ni están en tensión, no hacen ningún esfuerzo para crecer, ni siquiera son conscientes de que están creciendo gracias a que dentro de sí late la vida; con el cuidado solícito de la providencia de Dios y la atención de sus padres o del jardinero, con el calor del sol y la lluvia que los riega, crecen y brotan y florecen para ser la hermosa planta que Dios quería que fueran.[21]

Hannah Whitall Smith

MEDITACIONES ACERCA DE

Como los lirios del campo

Para que vivan de manera digna del SEÑOR, agradándole en todo. Esto implica dar fruto en toda buena obra, crecer en el conocimiento de Dios y ser fortalecidos en todo sentido con su glorioso poder. Así perseverarán con paciencia en toda situación, dando gracias con alegría al Padre. Él los ha facultado para participar de la herencia de los santos en el reino de la luz.

COLOSENSES 1:10–12

Dichoso el hombre
que no sigue el consejo de los malvados,
ni se detiene en la senda de los pecadores
ni cultiva la amistad de los blasfemos,
sino que en la ley del SEÑOR se deleita,
y día y noche medita en ella.
Es como el árbol
plantado a la orilla de un río
que, cuando llega su tiempo, da fruto
y sus hojas jamás se marchitan.
¡Todo cuanto hace prospera!

SALMO 1:1–3

Como palmeras florecen los justos;
como cedros del Líbano crecen.
Plantados en la casa del SEÑOR,
florecen en los atrios de nuestro Dios

SALMO 92:12–13

Tus palabras son como la miel

Observé el papel que estaba revoloteando a la entrada del garaje. No lucía como una hoja de papel cualquiera. Descendí del auto, y la investigué. Parecía tratarse del envoltorio de un pequeño dulce.

Mientras desenrollaba el papel, sentí la tierna voz del Espíritu de Dios susurrándome: «Se trata solo de un mensaje humano. ¿Sientes hoy tanto interés por conocer el mensaje de Dios?»

Me puse rápidamente a la defensiva: «Ya conozco ese mensaje. He leído la Biblia toda mi vida».

Mi espíritu había sido conmovido, pero la curiosidad pudo más. El papel anunciaba la inauguración de una pizzería. No me lo pude sacar de la mente, me despertaba el apetito.

Esa noche fuimos con mi familia a la pizzería. La comida lucía espectacular, pero a mí me cayó como piedra. Sabía que el Espíritu Santo estaba agraviado por mi frívola respuesta a su pregunta: «¿Sientes hoy tanto interés por conocer el mensaje de Dios?».

Mientras tragaba la pizza, oré en silencio:

Señor, qué respuesta tan tonta la mía. Saber qué dice la Biblia no es suficiente para conocerte. Te he extrañado este año. Necesito tu mensaje de amor. Quiero tener tu consejo.

Nuevamente, me sentí henchir de gozo. Pero mientras regresábamos a casa, reflexioné en cómo me había dejado atrapar por las distintas ocupaciones del año. El rico tiempo a solas con el Señor había menguado. Sin darme cuenta, había perdido mi hambre y celo por el Señor. Cuanto más necesitaba el alimento espiritual, más me mantenía alejado de él el enemigo. Me había engañado, haciéndome creer que solo valía la pena pasar largas horas meditando. Como así no podría leer la Palabra de Dios, hacía que me remordiera la conciencia. Con su astucia, Satanás alejó mis pensamientos de la sencillez de amar a Jesús y de valorar incluso unas pocas preciosas palabras de Dios.

Cuando llegamos a casa, mi corazón rebosaba de alegría. El siempre fiel Espíritu Santo había usado un insignificante papelucho para susurrarle una verdad a mi espíritu hambriento. Tomó un breve mensaje, que no parecía más que un envoltorio de un panecillo con jalea, y me señaló la dulzura de mi Salvador.[22]

Neva B. True

MEDITACIONES ACERCA DE

Tus palabras son como la miel

El temor del SEÑOR *es puro:*
permanece para siempre.
Las sentencias del SEÑOR *son verdaderas:*
todas ellas son justas.
Son más deseables que el oro, más que mucho oro refinado;
son más dulces que la miel,
la miel que destila del panal.

SALMO 19:9–10

¡Cuán dulces son a mi paladar tus palabras!
¡Son más dulces que la miel a mi boca!

SALMO 119:103

Al encontrarme con tus palabras,
yo las devoraba;
ellas eran mi gozo y la alegría de mi corazón,
porque yo llevo tu nombre,
SEÑOR, *Dios Todopoderoso.*

JEREMÍAS 15:16

Confía en el SEÑOR *de todo corazón,*
y no en tu propia inteligencia.
Reconócelo en todos tus caminos,
y él allanará tus sendas.
Esto infundirá salud a tu cuerpo
y fortalecerá tu ser.

PROVERBIOS 3:5–6, 8

El consuelo de una madre cariñosa

Dios se alegra de ser nuestro Padre. Dios se complace de ser nuestra Madre. Dios se regocija porque somos la Esposa y nos ama. Cristo se alegra porque es nuestro Hermano, y Jesús se regocija porque es nuestro Salvador. ¡Qué gozo tan grande!

Tan cierto como que Dios es nuestro Padre, así Dios es también nuestra Madre. Dios es el poder y la bondad de un padre unido a la sabiduría y cariño de una madre.

Hay tres maneras de considerar a Dios como madre. Una es a partir del fundamento de la creación de nuestra naturaleza. La segunda es la encarnación, cuando Dios tomó la naturaleza humana. La tercera es el servicio de una madre.

El servicio de una madre está siempre cercano por naturaleza, con disposición amorosa, y es verdaderamente seguro. Sabemos que todas las madres sufren por sus hijos. Jesús es nuestra verdadera Madre. Él nos alimenta. Solo él nos ama y trabaja hasta el cansancio, hasta la muerte.

Cuando nos damos cuenta de nuestro pecado, sentimos remordimiento. Nos avergonzamos y no escondemos de su presencia. Pero nuestra solícita Madre no quiere que huyamos; nada le disgustaría más porque desea que nos hagamos como niños. Y un niño apenado y afligido corre al regazo de su madre en busca de ayuda.

Nuestra vida es una asombrosa mezcla de felicidad y sufrimiento. Vivimos con el SEÑOR Jesucristo resucitado y con las consecuencias desastrosas de la caída de Adán.

Somos débiles como niños hasta que nuestra Madre cariñosa nos trae el gozo del Padre. Entonces comprenderemos estas palabras: Todo está bien. Al final verás que todo fue para bien.[23]

Julián de Norwich

Meditaciones acerca de

El consuelo de una madre cariñosa

«Como madre que consuela a su hijo,
así yo los consolaré a ustedes;
en Jerusalén serán consolados» [dice el Señor*].*

Isaías 66:13

Todo lo contrario:
he calmado y aquietado mis ansias.
Soy como un niño recién amamantado
en el regazo de su madre.
¡Mi alma es como un niño recién amamantado!
Israel, pon tu esperanza en el Señor
desde ahora y para siempre.

Salmo 131:2–3

«¿Puede una madre olvidar a su niño de pecho,
y dejar de amar al hijo que ha dado a luz?
Aun cuando ella lo olvidara, ¡yo no te olvidaré!
Grabada te llevo en las palmas de mis manos;
tus muros siempre los tengo presentes» [dice el
Señor*].*

Isaías 49:15–16

La serenidad de la entrega diaria a Dios

Una amiga exasperada me dijo una vez: «¡Cómo odio que la vida sea una cosa de todos los días!».

Entiendo lo que deseaba expresar. En un mundo perfecto, mi vida estaría llena de lugares exóticos que visitar, personas interesantes a las que agasajar, elogios a mi labor creativa, mucho tiempo libre, y suficiente dinero para poder solventar todos estos gastos.

Esta descripción dista mucho de la realidad.

Mientras escribo, estoy enclaustrada en mi casa, lejos de mis amigos y de mi familia, las yemas de los dedos golpetean el teclado de la computadora y hurgo en mi mente en busca de ideas. De la lectura de un libro recién publicado, los lectores pueden pensar que el mundo editorial es muy atractivo, pero para la mayoría de los escritores implica avanzar laboriosamente. Como diría mi amiga, la vida del escritor es «una cosa de todos los días». En otras palabras, es un trabajo pesado y aburrido, un trabajo casi siempre nada visible.

Para la mayoría de nosotras, la vida no es más que esto. Hoy estamos en las alturas como mañana podemos estar en un pozo, pero son breves episodios en un largo continuo de vida común y sin incidentes. A veces tememos que esos episodios se estiren irremisiblemente en el futuro, sin propósito ni significado. Preferimos la variedad y el estímulo más que la naturaleza repetitiva y adormecedora de las tareas cotidianas.

¿Cuántas veces podemos lavar los platos, sacar cuentas, llevar a los niños a la escuela o trabajar frente a una máquina antes de sentir que no valemos para nada? Con Dios, tantas veces como sea necesario.

Este diario trajín, como todas las cosas en la vida del creyente, puede ser ofrecido a Dios como un sacrificio de olor grato. Nuestro trabajo tiene sentido porque en nuestras obligaciones le ofrendamos a Dios nuestra vida, nuestro tiempo, nuestras responsabilidades. La cocina, la oficina, la camioneta o la fábrica pueden ser altares consagrados a Dios: sitios donde nos entregamos, obedecemos y agradamos al SEÑOR.

Hay formas extrañas de servir a Dios;
mientras barres una habitación, o trabajas la tierra,
de pronto, para tu sorpresa
escuchas el aleteo de un serafín:
descubres que estás bajo la mirada de Dios,
construyendo palacios para él.

Dios ha ordenado nuestros días para que nuestro diario trajinar sea de su agrado e, increíblemente, sentiremos su compañía en las «cosas de todos los días».[24]

Judith Couchman

MEDITACIONES ACERCA DE

La serenidad de la entrega diaria a Dios

Dirigiéndose a todos, [Jesús] declaró: Si alguien quiere ser mi discípulo, que se niegue a sí mismo, lleve su cruz cada día y me siga. Porque el que quiera salvar su vida, la perderá; pero el que pierda su vida por mi causa, la salvará

LUCAS 9:23–24

Practicar la justicia y el derecho lo prefiere el SEÑOR
a los sacrificios..

PROVERBIOS 21:3

Así que ofrezcamos continuamente a Dios, por medio de Jesucristo, un sacrificio de alabanza, es decir, el fruto de los labios que conficsan su nombre. No se olviden de hacer el bien y de compartir con otros lo que tienen, porque esos son los sacrificios que agradan a Dios.

HEBREOS 13:15–16

Por lo tanto, hermanos, tomando en cuenta la misericordia de Dios, les ruego que cada uno de ustedes, en adoración espiritual, ofrezca su cuerpo como sacrificio vivo, santo y agradable a Dios.

ROMANOS 12:1

ELEVA TU PLEGARIA EN LA MAÑANA

¡Qué privilegio comenzar el día en la presencia de Dios! Alguien ha dicho que como «la mañana es el extremo del hilo donde se enhebran las actividades del día, debería tener un buen nudo de devoción». El día será muy distinto si antes de salir a encontrarnos con el mundo nos encontramos con Dios.

En el Salmo 5:2-3 aprendemos algo acerca de la vida de oración de David. Brotando de un corazón de amor y de adoración, David se presentaba ante Dios al comienzo de cada día y elevaba su plegaria a Dios en oración.

«Escucha mis súplicas... porque a ti elevo mi plegaria. Por la mañana, SEÑOR, escuchas mi clamor». David comenzaba el día hablando con Dios, en la confianza de que Dios lo escucharía y le respondería.

Pero el salmista no solo elevaba su plegaria a Dios, sino que *elevaba su corazón.* «Por la mañana, SEÑOR, escuchas mi clamor». En el original hebreo, la expresión «escuchas mi clamor» implica acercarse a Dios con el corazón preparado, un corazón tranquilo, alejado del bullicio del día, dispuesto a escuchar a Dios.

A menudo corremos a la presencia de Dios sin la serenidad de corazón que es esencial para tener comunión con él.

«Por la mañana, SEÑOR, preparo [una oración, un sacrificio] para ti y velo y espero [a que tú me hables al corazón]» (vs. 3 adaptado).

Eleva tu clamor de corazón a Dios.

La mirada de David seguía la dirección de su voz y de su corazón: «a ti elevo mis plegarias». Podemos elevar nuestras plegarias a Dios y mantener la vista fija en nuestros problemas, nuestras necesidades, nuestras debilidades y nuestras desilusiones. Cuando elevamos la vista, en cambio, lo vemos a él: «Cuando alzaron la vista, no vieron a nadie más que a Jesús» (Mateo 17:8).[25]

Millie Stamm

Meditaciones acerca de

Eleva tu plegaria en la mañana

Por la mañana hazme saber de tu gran amor,
porque en ti [Señor] he puesto mi confianza.
Señálame el camino que debo seguir,
porque a ti elevo mi alma.

Salmo 143:8

Pero yo le cantaré a tu poder,
y por la mañana alabaré tu amor;
porque tú eres mi protector,
mi refugio en momentos de angustia.
A ti, fortaleza mía, te cantaré salmos,
pues tú, oh Dios, eres mi protector.
¡Tú eres el Dios que me ama!

Salmo 59:16–17

Sácianos de tu amor por la mañana,
y toda nuestra vida cantaremos de alegría.

Salmo 90:14

Señor, ten compasión de nosotros;
pues en ti esperamos.
Sé nuestra fortaleza cada mañana,
nuestra salvación en tiempo de angustia.

Isaías 33:2

El verdadero tesoro del alma

Guarda, Señor, en tu regazo mis sentidos y los poderes de mi alma. Perdóname, y vuelve a perdonarme, cada vez que ore sin concentrarme en ti. Muchas veces no estoy realmente con la mente en el lugar donde me encuentro de pie o sentada. Mi mente vaga, estoy en otro lado. Estoy allí donde están mis pensamientos. Me encanta pensar en ti.

Si amo el cielo, hablaré gozosamente de las cosas de Dios.

Si amo el mundo, me agradará hablar de cosas terrenales.

Si amo la carne, pensaré en las cosas que le agradan a la carne.

Si amo mi alma, me deleitaré hablando de las cosas que le hacen bien a mi alma.

Con alegría escucharé y hablaré de aquellas cosas que amo. Tendré fantasías. Jesús tenía razón cuando dijo: «Porque donde esté tu tesoro, allí estará también tu corazón (Mateo 6:21).[26]

Extracto de Cerca del corazón de Dios

SEÑOR Jesús:

Ayúdame a desear aquellas cosas que te agradan. Tú sabes qué es lo mejor para mí. Dame lo que tú quieras, en el momento oportuno, en la medida que tú lo quieras. Haz lo que quieras de mí, SEÑOR. Ponme allí donde quieras que esté. Me pongo en tus manos. Soy tu sierva. Estoy lista para hacer lo que tú me ordenes. Tú eres la verdadera paz de mi corazón y el perfecto descanso para mi alma.

Si deseas que esté en la luz, te alabaré. Si deseas que me esconda en la oscuridad, también te alabaré.

Si deseas consolarme, te bendeciré. Si dejas que me preocupe, también te bendeciré.

SEÑOR, que tu gracia haga posible aquello que es imposible por mi naturaleza.

En ocasiones pienso que no tendré problemas para mantenerme firme, pero basta una dificultad pequeña para quebrantarme. Querido SEÑOR, tú conoces mis debilidades, mi fragilidad. Ten misericordia de mí.[27]

Catherine Parr

Meditaciones acerca de

El verdadero tesoro del alma

[Jesús dijo:] Porque donde esté tu tesoro, allí estará también tu corazón. No acumulen para sí tesoros en la tierra, donde la polilla y el óxido destruyen, y donde los ladrones se meten a robar. Más bien, acumulen para sí tesoros en el cielo, donde ni la polilla ni el óxido carcomen, ni los ladrones se meten a robar. Porque donde esté tu tesoro, allí estará también tu corazón.

Mateo 6:19–21

En ti confían los que conocen tu nombre,
porque tú, Señor, *jamás abandonas a los que te buscan.*

Salmo 9:10

Una sola cosa le pido al Señor,
    y es lo único que persigo:
habitar en la casa del Señor
    todos los días de mi vida,
para contemplar la hermosura del Señor
    y recrearme en su templo.

Salmo 27:4

[El Señor*] será la seguridad de tus tiempos,*
    te dará en abundancia salvación,
sabiduría y conocimiento;
    el temor del Señor *será tu tesoro.*

Isaías 33:6

Presta atención a su dulce voz

En su novela El canto de las ballenas, Robert Siegel recrea un tierno y creativo relato acerca de una familia de ballenas. En las primeras páginas de la novela, el lector no tarda en aprender que las ballenas son buenas escuchas. Escuchan con mucha atención para comunicarse, mediante sus cantos, con otros miembros de su grupo.

Las ballenas de Siegel escuchan para localizarse entre sí, para viajar por los océanos cuando nadan en grupos y para protegerse de los atacantes. Escuchan como expresión de amor y con el propósito de preservar sus familias y comunidades. Para mí son una ilustración más de cómo en todo el reino animal, el oído cumple una función vital para la supervivencia.

En la Costa Este he visto a estos enormes mamíferos marinos lanzar los chorros de agua y juguetear, pero en realidad me basta salir al jardín de mi casa para ver cómo escuchan las criaturas. Las aves aletean y levantan vuelo cuando mi gato se desliza sigilosamente; el gato levanta las orejas y se esconde cuando se aproxima un perro; el perro presta atención a los ruidos de la calle antes de cruzar a la otra acera. Cuando observo este comportamiento instintivo en la naturaleza, me pregunto: ¿Por qué la gente tiene tanta dificultad para escuchar? ¿Por qué nos cuesta tanto hacer lo que aun los animales saben que es importante para la supervivencia?

A veces hacemos un esfuerzo por escucharnos, ocasionalmente escuchamos nuestro propio corazón, pero cuán a menudo nos olvidamos de escuchar a Dios. Sin embargo, dependemos de él para nuestra supervivencia física y espiritual, porque él nos ama y nos cuida, nos reprende y nos corrige, nos guía y nos sostiene. ¿Por qué no podemos oír su voz? ¿Por qué no le escuchamos?

Tal vez no comprendemos que él es la voz de compasión y de protección. No nos damos cuenta de que él es el consolador, el dador de todo buen don, el amante siempre atento de nuestra alma. Él no es un padre distante, ni una madre crítica, ni el hombre que nos abandonó emocional o físicamente. Él es Dios, y Dios es amor.

Sí, posiblemente se trate de un malentendido. Debemos estar confundiéndolo con otra persona. ¿Por qué, entonces, habríamos de estar tan ocupados o temer escuchar su voz? (¿Acaso los animales son más inteligentes que nosotras?) ¿Por qué otro motivo habríamos de rechazar el sonido del amor?[28]

Judith Couchman

Meditaciones acerca de

Presta atención a su dulce voz

Puso en mis labios un cántico nuevo,
un himno de alabanza a nuestro Dios.
Al ver esto, muchos tuvieron miedo
y pusieron su confianza en el Señor.

Salmo 40:3

[Jesús dijo:] Mis ovejas oyen mi voz; yo las conozco y ellas me siguen.

Juan 10:27

Ésta es la oración al Dios de mi vida:
que de día el Señor mande su amor,
y de noche su canto me acompañe.

Salmo 42:8

Convertiste mi lamento en danza;
me quitaste la ropa de luto
y me vestiste de fiesta, para que te cante y te glorifique,
y no me quede callado.
¡Señor, mi Dios, siempre te daré gracias!

Salmo 30:11–12

Voy a escuchar lo que Dios el Señor dice:
él promete paz a su pueblo y a sus fieles,
siempre y cuando no se vuelvan a la necedad.

Salmo 85:8

Un momento a solas con tu Padre

Jesucristo, cuando vivió en este mundo como hombre, sintió la necesidad de estar a solas: absolutamente a solas, él solo consigo mismo. Todos sabemos muy bien lo extenuante que puede ser el trato con otras personas, cómo consume nuestra energía. En su humanidad, Jesús también lo sabía, y sintió la necesidad de estar a solas, de retirarse para recuperar fuerzas. La soledad también era importante para comprender plenamente el supremo llamado de su vida, su debilidad humana, y su completa dependencia del Padre.

Como hijas de Dios ¡cuánto más no necesitamos nosotras estos momentos a solas, para lidiar con las realidades espirituales de la vida y estar a solas con Dios el Padre. Si hubo alguien que podría haber estado exento de la necesidad de estar solo para tener comunión con Dios, ese fue nuestro SEÑOR. No obstante, ni siquiera él habría podido preservar toda las fuerzas y poder para llevar a cabo su obra sin su tiempo de oración y meditación.

Dios quiere que cada uno de sus siervos entienda y practique este arte bendito y que la iglesia sepa cómo inculcar en sus hijos este privilegio tan santo y sublime, para que todos los creyentes se den cuenta de la importancia de estar un tiempo a solas con Dios.

¡Qué hermoso es pensar que tengo a Dios solo para mí y saber que Dios me tiene solo para él!

¿Has pensado alguna vez lo que significaría ser la única persona sobre la tierra o como sería quedar absolutamente sola en el universo? Si no hubiera nadie más en el universo, lo único que podrías pensar sería: «¡Dios y yo! ¡Dios y yo!» Pero él ya está así, tan sumamente cerca, tan cerca que es como si en todo el espacio infinito no palpitase otro corazón que el tuyo y el de él.[29]

Extracto de Manantiales en el desierto

MEDITACIONES ACERCA DE

Un momento a solas con tu Padre

Cual ciervo jadeante en busca del agua,
así te busca, oh Dios, todo mi ser.
Tengo sed de Dios, del Dios de la vida.
¿Cuándo podré presentarme ante Dios?

SALMO 42:1–2

En seguida Jesús hizo que los discípulos subieran a la barca y se le adelantaran al otro lado mientras él despedía a la multitud. Después de despedir a la gente, subió a la montaña para orar a solas. Al anochecer, estaba allí él solo.

MATEO 14:22–23

Sin embargo, la fama de Jesús se extendía cada vez más, de modo que acudían a él multitudes para oírlo y para que los sanara de sus enfermedades. Él, por su parte, solía retirarse a lugares solitarios para orar.

LUCAS 5:15–16

[Jesús dijo:] Pero tú, cuando te pongas a orar, entra en tu cuarto, cierra la puerta y ora a tu Padre, que está en lo secreto. Así tu Padre, que ve lo que se hace en secreto, te recompensará.

MATEO 6:6

EL SUSURRO DE SU VOZ

Una de las maneras que Dios tiene de despertarnos es por medio de una voz interior. Esta «voz» puede asumir diversas formas y es difícil de definir.

La voz interior a la que me refiero puede provenir de Dios, del demonio o de nuestra propia imaginación. No creas que serás mejor como persona porque sientes esta voz interior, ni siquiera en el caso de que la voz sea genuinamente de Dios. Lo que importa es la manera en que respondes a lo que escuchas. Si lo que escuchas no concuerda con las Escrituras, no le prestes atención.

Hay algunas pistas que podrán ayudarte a determinar si Dios es la fuente. La primera y la mejor indicación está en el poder y la autoridad de la voz. Las cosas mejorarán porque se escuchó la voz. Cambiará la realidad: la angustia dará lugar a la quietud, por ejemplo.

La segunda señal será una pacífica tranquilidad que embarga el alma, combinada con el deseo de alabar a Dios.

La tercera señal es que las palabras se grabarán en la memoria más que las pronunciadas en una conversación común. La fe en las palabras que se escucharon será grande, aun cuando todo parezca indicar que no se nos entiende, pero con el paso del tiempo, todavía seguirás confiando en que Dios hallará su propio camino y cumplirá sus promesas.

Las demoras pueden hacer surgir dudas. El diablo, al acecho, deseará aprovechar tus dudas. Se esforzará por intimidarte, más aun si la voz interior te desafió a llevar a cabo una tarea que honrará a Dios. A pesar de todas estas dificultades, igual permanecerá ardiendo una brasa de fe, la certeza de que Dios superará cualquier obstáculo y cumplirá su palabra.

Ahora bien, si la voz interior es solo el producto de la imaginación, ninguna de estas señales estará presente. No habrá certidumbre, ni paz, ni gozo.

Si la «voz interior» que crees escuchar te ordena tomar acción con consecuencias graves para ti o para otros, no hagas nada hasta recibir consejos entendidos.

Santa Teresa de Ávila

SEÑOR: *Que tu Espíritu Santo me inspire. Hazme receptiva, pero por favor, querido* SEÑOR *y Dios, no permitas que atribuya tu nombre a las ideas complejas, deseos y motivos de mi propia personalidad.*[30]

Meditaciones acerca de

El susurro de su voz

Ya sea que te desvíes a la derecha o a la izquierda, tus oídos percibirán a tus espaldas una voz que te dirá: «Éste es el camino; síguelo».

Isaías 30:21

[Jesús dijo:] Mira que estoy a la puerta y llamo. Si alguno oye mi voz y abre la puerta, entraré, y cenaré con él, y él conmigo.

Apocalipsis 3:20

En esto pueden discernir quién tiene el Espíritu de Dios: todo profeta que reconoce que Jesucristo ha venido en cuerpo humano, es de Dios.

1 Juan 4:2

Señor, *hazme conocer tus caminos;*
muéstrame tus sendas.
Encamíname en tu verdad, ¡enséñame!
Tú eres mi Dios y Salvador;
¡en ti pongo mi esperanza todo el día!

Salmo 25:4–5

El deseo de ser saciado

Mientras David estaba solo en el campo, recordaba sin duda los días en que había sentido la presencia real de Dios en el santuario. Todavía anhelaba la realidad de la presencia divina que había conocido en el pasado. Dijo: «Oh Dios, tú eres mi Dios». Desde lo hondo de su corazón exclamó:

«Yo TE busco intensamente. Mi alma tiene sed de TI; todo mi ser TE anhela, cual tierra seca, extenuada y sedienta» (Salmo 63:1).

Hay una historia acerca de un hombre tailandés que se acercó a una misión de Tailandia. Le preguntaron: «¿Desea algún medicamento?».

«No», respondió, «estoy buscando a Dios».

Hay mucha hambre y sed hoy en nuestro mundo. Algunas personas desean escalar posiciones, tener poder. Otras procuran saciarse de placeres, amor o ser aceptadas por un grupo. La gente busca en todas partes algo que pueda satisfacerla. Pero no es posible satisfacer el hambre interior con cosas materiales. Jesús nos ha asegurado que el hambre y la sed del alma pueden ser satisfechas: «Dichosos los que tienen hambre y sed de justicia, porque serán saciados».

La realización interior viene de éL. David dijo que buscaba a Dios «intensamente». Cuando leemos la Biblia, debemos buscar a Dios en sus páginas. Cuando cerramos la puerta para orar, debemos guardar silencio para poder escuchar su voz cuando nos habla. No debemos conformarnos con nada que no sea Dios mismo.

¿Quieres tener paz interior? ¿Anhelas encontrar algo que te satisfaga? Podrás saciarte, podrás encontrar esa satisfacción interior cuando busques y halles a Jesucristo. Él dijo: «¡Si alguno tiene sed, que venga a mí y beba!» (Juan 7:37).

Cuéntale hoy los deseos y anhelos de tu corazón. Búscalo en la Palabra de Dios. Habla con él, y deja que él te hable en oración.

Él saciará hoy los anhelos de tu corazón.[31]

Millie Stamm

MEDITACIONES ACERCA DE

El deseo de ser saciado

Esperando tu salvación se me va la vida.
En tu palabra he puesto mi esperanza.

SALMO 119:81

—Yo soy el pan de vida —declaró Jesús—. El que a mí viene nunca pasará hambre, y el que en mí cree nunca más volverá a tener sed.

JUAN 6:35

Pero yo en justicia contemplaré tu rostro;
me bastará con verte cuando despierte.

SALMO 17:15

¡Que den gracias al SEÑOR *por su gran amor,*
por sus maravillas en favor de los hombres!
¡Él apaga la sed del sediento,
y sacia con lo mejor al hambriento!

SALMO 107:8–9

Cartas preciosas

Me sentía ansiosa cuando revisé el buzón del correo: nada. ¿Por qué demoraba tanto el correo hoy? Impaciente, miré la calle para ver si veía al cartero. No lo veía por ningún lado.

Regresé a la cocina, pero no podía concentrarme en nada. Entonces me pareció escuchar el ruido de la tapa del buzón. Descendí de prisa las escaleras y abrí la puerta. ¡Había llegado! ¡Era una carta de mi marido!

Esa tarde leí la carta unas cinco veces. Me hacía sentir bien imaginar que me hablaba. Él se encontraba en una región remota y primitiva de Irian Jaya, en las antípodas del mundo. Una llamada internacional por teléfono costaba una fortuna, era imposible. Teníamos que contentarnos con cartas.

Después de recibir esa carta, el día cambió para mí. Estaba en paz y me sentía amada. Era bueno saber que él estaba bien y que el trabajo estaba progresando. Faltaba poco para la terminación de las obras y pronto regresaría a casa.

Al dejar la carta, mis ojos se detuvieron en la Biblia. La había comprado hacía un año, y todavía parecía nueva. Me pareció escuchar la voz de Dios que me decía: «Hija mía, yo también te he escrito unas cartas, pero no las has leído con tanto afán. Yo también quiero hablar contigo. Quiero asegurarte que te quiero. Quiero hacer que hoy tengas un día diferente

»Falta poco para que regrese. Y cuando vuelva, quiero que no tengas nada de qué arrepentirte y que estés pronta para regresar conmigo, para que donde yo esté, tú también estés. Quiero que descanses en mí, y que tu corazón no se turbe. Hija mía, disfruta mi paz».

Querido Padre: Ayúdame a ser fiel y a leer tu cartas y obedecer tus instrucciones. Gracias por tu amor y por tu paz. Quiero confiar cada vez más en ti. Amén.[32]

Beryl Henne

MEDITACIONES ACERCA DE

Cartas preciosas

El camino de Dios es perfecto;
la palabra del SEÑOR es intachable.
Escudo es Dios a los que en él se refugian.

SALMO 18:30

Los preceptos del SEÑOR son rectos:
traen alegría al corazón.
El mandamiento del SEÑOR es claro:
da luz a los ojos.

SALMO 19:8

Pues amo tus mandamientos,
y en ellos me regocijo.

SALMO 119:47

[Jesús dijo:] Si permanecen en mí y mis palabras permanecen en ustedes, lo que quieran pedir se les concederá. Mi Padre es glorificado cuando ustedes dan mucho fruto y muestran así que son mis discípulos. Así como el Padre me ha amado a mí, también yo los he amado a ustedes. Permanezcan en mi amor. Si obedecen mis mandamientos, permanecerán en mi amor, así como yo he obedecido los mandamientos de mi Padre y permanezco en su amor.

JUAN 15:7–10

Que habite en ustedes la palabra de Cristo con toda su riqueza.

COLOSENSES 3:16

Conversaciones tranquilas

La Biblia nos exhorta a orar continuamente, pero ¿cómo podemos hacerlo? Teniendo tantas actividades para hacer y tanto en qué pensar, ¿cómo podemos mantenernos también en contacto con Dios?

Dios está con nosotras todo el tiempo, es como si pudiéramos considerarlo un amigo que nos acompaña adondequiera que vayamos. Las conversaciones con los amigos pueden clasificarse en dos categorías: aquellas que sirven para mantener viva la amistad y aquellas que procuran profundizarla. En las conversaciones de mantenimiento hacemos preguntas para obtener respuestas breves, hacemos comentarios acerca de lo ocurrido en el día, prestamos atención con el oído mientras tenemos las manos ocupadas en otra cosa, contamos historias divertidas o anécdotas interesantes, damos instrucciones necesarias (y a veces innecesarias), mencionamos asuntos pendientes, o decimos: «Y ¿cómo están tus cosas?» cuando solo nos vemos muy de vez en cuando. Conversamos en el transcurso del día, respondemos a los sucesos y mantenemos viva la relación.

Las conversaciones profundas, en cambio, son

sucesos. Nos detenemos, la conversación es más penetrante, rica y significativa. Escuchamos, prestamos mucha atención y respondemos con más cuidado. Reflexionamos en los problemas, explicamos nuestros pedidos, repasamos el día, nos ponemos al tanto de las últimas ideas, exploramos recíprocamente los deseos de cada uno, procuramos respuestas y actividades definitivas, afirmamos nuestras esperanzas y planes. Estas conversaciones influyen en nuestro bienestar, autoestima y sentido de propósito. Hacen madurar la relación y alimentan el alma.

Por medio de la oración podemos tener ambos tipos de conversación con Dios. En los dos casos, un conversador eficaz se compromete a hablar y prestar atención, a escuchar y responder, a ser una persona sincera y de confianza, a mantener los canales de comunicación abiertos y libres de cualquier obstrucción.

Cuando asumimos nuestra responsabilidad en este compromiso en dos direcciones, nuestra oración cambia: de mera repetición se convierte en verdadera comunicación, en una relación de vida con Dios.

Dios que siempre me escuchas, hoy quiero dialogar contigo durante todo el día. Quiero hablarte y esperar hasta escuchar tu respuesta. Quiero que nuestras conversaciones sean distintas a cualquier conversación que pudiera tener en mi vida. Día a día, paso a paso, ayúdame a construir una relación basada en la oración.[33]

Judith Couchman

MEDITACIONES ACERCA DE

Conversaciones tranquilas

«Antes que me llamen, yo les responderé;
todavía estarán hablando
cuando ya los habré escuchado» [ha dicho el SEÑOR*].*

ISAÍAS 65:24

A ti clamo, oh Dios,
porque tú me respondes;
inclina a mí tu oído, y escucha mi oración.

SALMO 17:6

Pueblo de Sión, que habitas en Jerusalén, ya no llorarás más. ¡El Dios de piedad se apiadará de ti cuando clames pidiendo ayuda! Tan pronto como te oiga, te responderá.

ISAÍAS 30:19

Pero Dios sí me ha escuchado,
ha atendido a la voz de mi plegaria.
¡Bendito sea Dios, que no rechazó mi plegaria
ni me negó su amor!

SALMO 66:19–20

No se inquieten por nada; más bien, en toda ocasión, con oración y ruego, presenten sus peticiones a Dios y denle gracias. Y la paz de Dios, que sobrepasa todo entendimiento, cuidará sus corazones y sus pensamientos en Cristo Jesús.

FILIPENSES 4:6–7

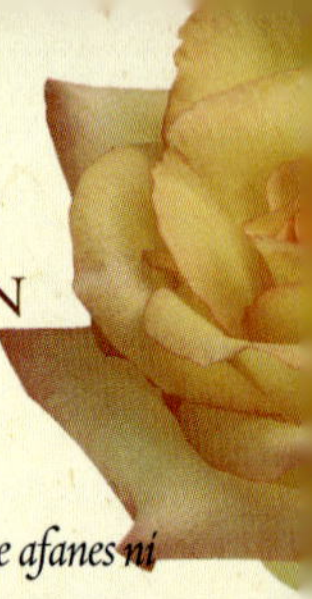

Paz para un corazón inquieto

Querido corazón inquieto: Calma... tranquilízate; no te afanes ni te preocupes tanto; Dios nos muestra su amor de mil maneras, con su ayuda y su guía; tú solo confía, y confía, y confía, hasta que conozcas su divina voluntad.

Querido corazón inquieto: Paz... tranquilízate, porque la paz es la sonrisa de Dios. Su amor puede enderezar cualquier revés y aplacar cualquier tristeza; tú solo ama, y ama, y ama, y espera con calma su divina paz.

Querido corazón inquieto: Ten valor... no te quejes ni te lamentes tanto, Dios tiene un propósito detrás de los gélidos vendavales que hoy soplan; tú solo ten esperanza, esperanza y más esperanza, mientras cobras valor.

Querido corazón inquieto: Reclínate ahora sobre el regazo de Dios, su gracia es poder y vida, su amor brota y florece;
tú solo descansa, y descansa, y descansa, al amparo de su poder.

Querido corazón inquieto: ¡No te inquietes! No te esfuerces por liberarte; La vida de Dios es tu vida, de él no podrás huir;
tú solo ora, y ora, y ora; hasta que por la fe puedas ver.[34]

Edith Willis Linn

La hora del silencio

Háblame, Señor, en el silencio,
mientras espero en tí,
con esperanza
mi corazón tu voz escucha.

Háblame, bendito Maestro,
en esta hora de silencio,
muéstrame, Señor, tu rostro
y hazme sentir tu poder.

Por cuanto las palabras de tu boca
son palabras de vida,
¡pan de vida celestial
que alimenta ahora mi espíritu!

Todo a tí te entrego,
ya no me pertenezco;
Me rindo a tí, henchida de dicha:
solo tuya soy.

Lléname del conocimiento
de tu gloriosa voluntad;
tu propósito y voluntad gloriosos
cumple en mi vida.

Como el perfume
de un jardín en flor
deje mi vida
su fragancia en tu presencia.

E. May Grimes

MEDITACIONES ACERCA DE

Paz para un corazón inquieto

[Jesús dijo:] No se angustien. Confíen en Dios, y confíen también en mí.

JUAN 14:1

El corazón tranquilo da vida al cuerpo.

PROVERBIOS 14:30

En paz me acuesto y me duermo,
porque sólo tú, SEÑOR,
me haces vivir confiado.

SALMO 4:8

Dios, que es justo, pagará con sufrimiento a quienes los hacen sufrir a ustedes. Y a ustedes que sufren, les dará descanso, lo mismo que a nosotros. Esto sucederá cuando el SEÑOR *Jesús se manifieste desde el cielo entre llamas de fuego, con sus poderosos ángeles.*

2 TESALONICENSES 1:6–7

La paz les dejo; mi paz les doy. Yo no se la doy a ustedes como la da el mundo. No se angustien ni se acobarden.

JUAN 14:27

UN DESCANSO EN SILENCIO EN UN MUNDO RUIDOSO

Los tiempos han cambiado, pero nuestras necesidades básicas son siempre las mismas. Necesitamos descansar. Deberían ver a mi vecina. Mientras yo corro de un lado a otro, ocupada en algo y ya pensando en todo lo que todavía tengo que hacer, ella se tira sobre el césped, mordisquea una brizna de hierba y dice: «Es imposible terminar de hacer todo lo que tengo que hacer hoy, ¿por qué tanta prisa, entonces?»

«El tiempo me rinde mucho más si no hago nada durante un rato, me tiendo a descansar, me dedico a pensar y a la contemplación». Deja reposar la vida.

Creo que es un sabio consejo para las personas como yo, que desean hacer el trabajo de un año en un solo día... y se pierden la oportunidad de «tener tiempo para pensar». Mi amiga lee, «para conocer las esperanzas y los sueños del mundo que vendrá cuando yo ya no esté» dice. Mi amiga escucha música, «para ampliar la mente y el corazón». Mi amiga ora «para enriquecer el alma». Su filosofía es contagiosa.

No podemos cambiar nuestros hábitos con sentarnos solo una vez, ¡pero al menos es un comienzo! Hoy lo he intentado solo una vez. Cuando la presión se me hizo insoportable, me detuve, miré a mi alrededor, escuché, aspiré el aire, junto con el atento y cariñoso bóxer de la familia, que se tendió junto a mí sobre el césped, agitando la cola con alegría. «SEÑOR, qué bien me siento» susurré, y recordé que Dios y sus misteriosos tiempos siempre son los mismos.

Tómate quince minutos, mira todas las cosas que te estás perdiendo por correr de un lado a otro. Retoma la dinámica con una vida renovada, como Dios quiere.

Cuando en vez de caminar tranquilamente
atravesamos a toda prisa por la meditación:
los campos dorados de trigo,
el sonido del viento entre los sauces,
el niño jugando en el heno fragante,
el canto de las aves en los árboles,
son susurros de la voz de Dios.
«¿Por qué tanta prisa? ¿Vale la pena perderte todas estas cosas?
Desde los tenues colores del amanecer, hasta que el día se apague, y el sol se oculte detrás de una colina,
la vista, el olor y el sonido son dones que Dios nos ha dado, que nunca conoceremos si no nos detenemos a descansar.[35]

June Masters Bacher

MEDITACIONES ACERCA DE

Un descanso en silencio en un mundo ruidoso

Sólo en Dios halla descanso mi alma;
de él viene mi salvación.

SALMO 62:1

Los apóstoles se reunieron con Jesús y le contaron lo que habían hecho y enseñado. Y como no tenían tiempo ni para comer, pues era tanta la gente que iba y venía, Jesús les dijo: «Vengan conmigo ustedes solos a un lugar tranquilo y descansen un poco». Así que se fueron solos en la barca a un lugar solitario.

MARCOS 6:30–32

El temor del SEÑOR *conduce a la vida;*
da un sueño tranquilo y evita los problemas.

PROVERBIOS 19:23

[Jesús dijo:] Vengan a mí todos ustedes que están cansados y agobiados, y yo les daré descanso. Carguen con mi yugo y aprendan de mí, pues yo soy apacible y humilde de corazón, y encontrarán descanso para su alma.

MATEO 11:28–29

Vengan, retírense y descansen un momento; cansados, lo sé, de los apremios y de las multitudes, séquense el sudor y el polvo de las sienes, y cobren nuevas fuerzas en el silencio de mi poder.

Edward H. Bickersteth, Jr.

El corazón que conoce tu amor, y la pureza de tu amor,
tiene un templo, un lugar santísimo,
donde al atravesar el umbral de paz de su puerta, el ruido de las voces airadas
de la vida se acallan, y un manto de silencio las cubre.

En la lejanía, muy lejos, se apaga el fragor de la pasión;
en la calma y paz emergen dulces pensamientos
y ninguna tempestad podrá con sus azotes
perturbar el alma que habita en el SEÑOR.

¡Descanso de todos los descansos! ¡Paz, serena y eterna!
Tú vives para siempre y nunca cambias;
y en el secreto de tu presencia habita la plenitud del gozo,
por los siglos de los siglos.

Harriet Beecher Stowe

Es bueno vivir en el dulce valle,
y desde allí observar las labores del mundo,
donde los segadores cantan en los trigales y
trabajan hasta la puesta de sol.
Pero más allá del valle contemplo las colinas,
donde el ruido del tráfico no llega
y sigo una Voz que me llama desde las alturas de paz.
Sí, es dulce vivir en el valle hermoso
y trabajar hasta el anochecer;
pero al final de la jornada,
mi espíritu anhela el aire de las cumbres
porque hay una Presencia que alienta
las colinas silenciosas y esparce la dulzura de su vida;
y se desliza por las laderas con la misma calma profunda
que cubrió el monte de los Olivos.[36]

Extracto de Manantiales en el desierto.

A las montañas levanto mis ojos;
  ¿de dónde ha de venir mi ayuda?
Mi ayuda proviene del Señor,
  creador del cielo y de la tierra.

Salmo 121:1–2

Paz para

INFUNDIRLA A OTROS

DERRAMA LA TRANQUILIDAD DE TU CORAZÓN SOBRE OTROS

Una cosecha de amor

No cabía nadie más en mi Volkswagen. Había llevado a varias viudas a la iglesia y regresado luego para recoger a algunos niños. Podía hacer entrar una familia de seis en el pequeño vehículo. Un domingo de mañana, una niñita se detuvo para observar mientras los niños subían al auto. De pie, en la acera, parecía muy solitaria.

Aunque el auto ya estaba lleno, le pregunté si deseaba ir a la iglesia con nosotras. Dijo que le pediría permiso a su mamá para acompañarnos la próxima semana . La semana siguiente fue con nosotros, y continuó haciéndolo durante varios domingos.

Eso fue hace muchos años. Ahora, ya estoy en la edad dorada, y sufro los achaques de la ancianidad. Tengo una vida solitaria; dos de mis hijos han muerto. No tengo hijas que cuiden de mí, y el futuro me atemoriza. La vejez puede ser un tiempo de temores y de frustración, incluso a pesar de tener la presencia del Señor. Para ocupar mi tiempo, me he integrado en una cadena de oración en la iglesia. Puedo hacer esto desde mi mecedora.

Un día recibí una llamada para orar por una mujer en necesidad. A su vez, la llamé para preguntarle si estaría dispuesta a venir a mi casa para orar.

Cuando abrí la puerta y la recibí, me abrazó y comenzó a llorar. Entre sollozos, me dijo que ella era la niñita que yo había llevado a la iglesia hacía tantos años. Oramos, y Dios suplió su necesidad.

Ahora viene a verme a menudo. Me lleva a la iglesia, me hace mandados y cocina una pequeñas «delicias» para alegrarme. ¡Es una verdadera bendición!

El tiempo de la cosecha nos llega a todos. En verdad, cosechamos lo que sembramos. Si sembramos las semillas del odio, la avaricia, la envidia y las disputas, no esperemos cosechar otra cosa. Hace muchísimos años, planté una semilla en el corazón de una pequeña, y ahora estoy cosechando el amor que sembré.[37]

Josephine Smith

MEDITACIONES ACERCA DE

Una cosecha de amor

El malvado obtiene ganancias ilusorias;
el que siembra justicia asegura su ganancia.

Proverbios 11:18

¡Siembren para ustedes justicia!
¡Cosechen el fruto del amor,
y pónganse a labrar el barbecho!
¡Ya es tiempo de buscar al SEÑOR*!,*
hasta que él venga y les envíe lluvias de justicia.

Oseas 10:12

En fin, el fruto de la justicia se siembra en paz para los que hacen la paz.

Santiago 3:18

No nos cansemos de hacer el bien, porque a su debido tiempo cosecharemos si no nos damos por vencidos.

Gálatas 6:9

Recuerden esto: El que siembra escasamente, escasamente cosechará, y el que siembra en abundancia, en abundancia cosechará.

2 Corintios 9:6

Solo un poco de tiempo

No era más que un pequeño ovillo rosado envuelto en una manta, acostado en una cuna improvisada. Me acerqué de puntillas y toqué sus suaves mejillas con mi dedo índice, de la misma manera que lo hacía cuando me despertaba sobresaltada en medio de la noche y me preguntaba si mi propio hijo se habría atorado o sofocado con la manta. Era un viaje al pasado. Hacía mucho tiempo que no cuidaba un bebé. Me había ofrecido a ayudar a una joven madre cuya hermana estaba hospitalizada.

La frente del bebé estaba tibia. ¿Demasiado caliente, quizá? Retiré un poco las mantas. ¿Bryce también había sido así de pequeño; con esos deditos (que se movían cuando los tocaba)? ¡Qué pequeños! Los ojos azules del bebé estaban bien cerrados, y los párpados temblaban débilmente. Movió los labios, esbozando una sonrisa, y abrió los ojos. Le sonreí, con un suspiro de alivio... de la misma manera que lo había hecho hacía un cuarto de siglo. Mientras lo dejaba, para regresar a mi trabajo, hubo un grito. ¿Se habría abierto el imperdible? Imposible, ahora usan Pampers, o pañales desechables. Dejó de llorar cuando me vio. ¿Estaría mojado? No.

«¿Qué te pasa, muchachito?». La respuesta

fue un balbuceo. Me volví para irme. «Por favor», oré.

Pero entonces se puso a chillar. ¡Algo no estaba bien! ¿Debería llamar al pediatra? ¿Donde estaba el horario del bebé? ¿Tendría hambre? ¿Sería hora de la comida? Tomé la leche y el jugo de naranja y regresé a la habitación. Los gritos se volvieron un gorjeo mientras yo lo miraba, de pie al lado de la cuna. El pícaro muchachito se dio cuenta de que sería un blanco fácil. Extendió los brazos y las piernas formando un arco: quería que lo tomara en brazos. Sabía que de nada serviría mostrarle el móvil con las mariposas u ofrecerle comida, pero lo intenté.

Algo disparó otro recuerdo de Bryce cuando cumplió cuatro años. Aquella vez había comido demasiado pastel de cumpleaños, los regalos ya no le llamaban la atención, y ¡cómo gritaba! «¡Quiero un poquito de tiempo!». Lo tomé en mis brazos, y se quedó dormido. Pero ¿un bebé de apenas seis semanas también? Extendí las manos y lo tomé en brazos, con la misma soltura que antes. Apoyó la cabecita en mí, y su sonrisa regresó.

¿Cuántas vidas jóvenes, nuevas y radiantes... cuántas vidas ancianas, gastadas y grises... no necesitarán un poco de nuestro tiempo?[38]

June Masters Bacher

MEDITACIONES ACERCA DE

Solo un poco de tiempo

[Jesús dijo:] Y quien dé siquiera un vaso de agua fresca a uno de estos pequeños por tratarse de uno de mis discípulos, les aseguro que no perderá su recompensa.

MATEO 10:42

[Les ruego que vivan...] Siempre humildes y amables, pacientes, tolerantes unos con otros en amor.

EFESIOS 4:2

Ayuden a los hermanos necesitados.
Practiquen la hospitalidad.

ROMANOS 12:13

Este mandamiento nuevo les doy: que se amen los unos a los otros. Así como yo los he amado, también ustedes deben amarse los unos a los otros.

JUAN 13:34

La palabra justa en el momento oportuno

Al fin las cinco de la tarde. Ordené un poco los papeles y corrí el sillón para meterlo debajo del escritorio. Mientras lo hacía, Sharon, la secretaria que ocupa el escritorio contiguo, se quedó un rato cerca de mí. Era obvio, por su manera de tomar un bolígrafo y luego volver a dejarlo sobre la mesa, que deseaba decirme algo.

Con una sonrisa, suspiré:

—Un día largo, ¿no es cierto?

—¿Cómo te habla Dios? —me preguntó Sharon sin rodeos.

—Por las Escrituras y cuando oro —respondí, después de titubear—. Él... Él... a veces...

Mi mente quedó en blanco.

Antes de poder terminar la frase, Sharon había tomado su cartera y ya había salido; casi no tuvo ni tiempo para despedirse: «Hasta mañana... Gracias».

Siempre me pasaba lo mismo. Cada vez que Sharon me preguntaba acerca de Dios o de la salvación, solo tenía tiempo para responder específicamente a su pregunta, y luego no se me ocurría qué más decir.

Hacía meses que intentaba llevar a Sharon al SEÑOR, y aunque me había acompañado a la iglesia y se la había presentado a mis amigas, sentía que le había fallado: a ella y a Dios. Y si bien creo que Dios puede hacer que todo resulte para bien, me preguntaba cómo podría usar mi silencio para sus propósitos.

Una mañana, varios días después, Sharon vino corriendo a donde estaba yo. Sus ojos brillaban y me dijo que le había sucedido algo maravilloso.

—Anoche acepté al SEÑOR —dijo, mientras estiraba el brazo y me tomaba las manos. Me explicó cómo una de sus nuevas amigas de la iglesia había orado con ella. Sonriendo continuó:

—Gracias por no sermonearme cuando te hacía preguntas. Todo el mundo trataba de decirme muchas cosas, me apabullaban, y yo quedaba confundida. Tú te limitabas a responder lo que te preguntaba, y me decías lo que necesitaba saber en ese momento.

Mientras Sharon regresaba a su escritorio, yo no pude por menos que sonreír para mis adentros. Dios obra de maneras misteriosas y poderosas. Incluso puede usar nuestro silencio para sus propósitos.[39]

Beverly Hamilton

Meditaciones acerca de

La palabra justa en el momento oportuno

Sean, pues, aceptables ante ti
mis palabras y mis pensamientos,
oh Señor*, roca mía y redentor mío.*

Salmo 19:14

Los labios del justo orientan a muchos;
los necios mueren por falta de juicio.

Proverbios 10:21

Panal de miel son las palabras amables:
endulzan la vida y dan salud al cuerpo.

Proverbios 16:24

El charlatán hiere con la lengua como con una espada,
pero la lengua del sabio brinda alivio.

Proverbios 12:18

El que habla, hágalo como quien expresa las palabras mismas de Dios; el que presta algún servicio, hágalo como quien tiene el poder de Dios. Así Dios será en todo alabado por medio de Jesucristo, a quien sea la gloria y el poder por los siglos de los siglos. Amén.

1 Pedro 4:11

Vale la pena perder el tiempo

Susana, mi amiga, me llamó para decirme que estaba saliendo hacia Starbucks para tomarse un café. ¿Querría acompañarla?

«No, no» le dije. «Todavía tengo puesta la bata. Me llevaría mucho tiempo arreglarme para salir. Esta mañana necesito escribir».

Cuando cuelgo el teléfono, pienso: Hubiera sido bueno acompañarla. Al trabajar en casa, tengo flexibilidad de horario. ¿Por qué me cuesta tanto aceptar su invitación? Por algún motivo, me parece que tiene más valor quedarme trabajando que pasar un rato con una amiga. Una voz interior me dice que estaría perdiendo el tiempo, pero ¿será verdad?

No creo que el tiempo dedicado a cultivar una relación, esos momentos u horas en compañía de gente significativa, sea tiempo perdido. En particular, no sería tiempo perdido el pasar el rato con alguien tan interesante y vital como Susana. Mucho menos cuando paso día tras día escribiendo a solas.

¿Qué es entonces lo que me impide dejar todo para disfrutar un café?

Cuando «pierdo el tiempo» con Susana, cuando salgo con ella a tomar un café y la escucho, es una manera de expresar mi amor. Le muestro que ella es más importante que un manuscrito. Nos llegamos el alma y nos conmovemos.

«Perder el tiempo» con Susana es una muestra de amor hacia mí, también. Estar juntas refresca mi mente, aviva mi creatividad y me reafirma como persona en el mundo. Vuelvo al trabajo con nuevas energías.

Por eso vuelvo a preguntarme: ¿Por qué entonces no puedo salir a tomar ese café?

La respuesta no es ni poética ni sensata, como me hubiera gustado.

El asunto es que he desarrollado un mal hábito.

Me he acostumbrado a decir que no, pensando que es más eficiente trabajar y «no perder el tiempo». Pero por amor a mi alma y a mis relaciones, debo desarrollar el hábito de «perder tiempo» con la gente, de gastar este precioso bien para amar a las personas como las ama Cristo, de llenar mi copa vacía hasta que rebose.

[Jesús nos dice:] «Den, y se les dará: se les echará en el regazo una medida llena, apretada, sacudida y desbordante. Porque con la medida que midan a otros, se les medirá a ustedes» (Lucas 6:38).

Starbucks, la cafetería, todavía debe estar abierta. Voy a llamar a Susana.[40]

Judith Couchman

MEDITACIONES ACERCA DE

Vale la pena perder el tiempo

No dejemos de congregarnos, como acostumbran hacerlo algunos, sino animémonos unos a otros, y con mayor razón ahora que vemos que aquel día se acerca.

HEBREOS 10:25

El que es generoso prospera;
el que reanima será reanimado.

PROVERBIOS 11:25

Por lo tanto, siempre que tengamos la oportunidad, hagamos bien a todos, y en especial a los de la familia de la fe.

GÁLATAS 6:10

No tengan deudas pendientes con nadie, a no ser la de amarse unos a otros. De hecho, quien ama al prójimo ha cumplido la ley.

ROMANOS 13:8

Pies hermosos

Nuestro Señor tiene muchas cosas reservadas para su uso personal. ¡Cuán hermosos son los pies del que trae buenas nuevas! ¡Qué mejor uso que ese! Supongo que incluso los ángeles consideran hermosos esos pies, aun cuando estén calzados con botas cubiertas de lodo, o en zapatillas.

Si queremos tener esos pies hermosos, necesitamos tener preparadas las buenas nuevas. Pidámosle a Dios que mantenga nuestros corazones siempre rebosantes con la frescura de las buenas nuevas de salvación, para que nuestros labios anuncien la vida abundante del evangelio. Cuando las nubes se cargan de lluvia, descargan su contenido sobre la tierra. Quiera Dios que así nos llene el Espíritu, para que siempre tengamos mucho que derramar a otros.

Además del privilegio de llevar el agua de las fuentes de salvación, hay muchos vasos de agua fresca que podemos llevar en toda dirección, y no solo a los pobres; nuestros amigos ricos también necesitan de nuestro ministerio de amor. Cuidemos nuestros pies para estas ocasiones; nuestros pies estarán demasiado cansados si solo nos ocupamos de satisfacer nuestras necesidades. En el servicio a otros, seguimos las pisadas benditas de Cristo, que hizo el bien a todos.[41]

Frances Ridley Havergal

Entera consagración

Que mi vida entera esté consagrada

Que mi vida entera esté consagrada a tí, SEÑOR;
que mis manos puedan guiar el impulso de tu amor.
Que mis pies tan solo en pos de lo santo puedan ir;
Y que a tí, SEÑOR, *mi voz se complazca en bendecir.*
Que mis labios puedan dar testimonio de tu amor;
y mis bienes ofrendar sepa siempre a tí, SEÑOR.
Que mi tiempo todo esté dedicado a tu loor,
y mi mente y su poder se consagren a tu honor.
Toma ¡oh Dios! mi voluntad y hazla tuya, nada más;
toma, sí, mi corazón, y tu trono en él tendrás.

Frances Ridley Havergal

Meditaciones acerca de

Pies hermosos

¡Qué hermosos son, sobre los montes,
los pies del que trae buenas nuevas;
del que proclama la paz,
del que anuncia buenas noticias,
del que proclama la salvación,
del que dice a Sión: «Tu Dios reina»!

Isaías 52:7

Manténganse firmes, ceñidos con el cinturón de la verdad, protegidos por la coraza de justicia, y calzados con la disposición de proclamar el evangelio de la paz.

Efesios 6:14–15

Tu palabra es una lámpara a mis pies;
es una luz en mi sendero.

Salmo 119:105

El Espíritu del Señor *omnipotente está sobre mí,*
por cuanto me ha ungido
para anunciar buenas nuevas a los pobres.
Me ha enviado a sanar los corazones heridos,
a proclamar liberación a los cautivos
y libertad a los prisioneros,

Isaías 61:1

CENTINELAS RADIANTES

Mientras conducía por la ruta paralela a la costa, desde Santa Bárbara hacia el norte, miré los últimos rayos de sol ocultándose en el Pacífico. Como mi clase había terminado algo más tarde y había tenido que detenerme en una estación para cargar combustible, cuando finalmente emprendí mi regreso a casa, era más tarde que lo de costumbre.

La penumbra del crepúsculo pronto se convirtió en una noche oscura sin luna, mientras recorría la carretera procurando reconocer algunos puntos de referencia en las sombras. Esta parte de la autopista 101, hermosísima de día, bordeada por el océano a un lado y las montañas del otro, me resulta tenebrosa de noche. Me aferré al volante mientras hacía un esfuerzo por distinguir la carretera de la cuneta. Era inútil. Tendría que concentrarme todo lo que pudiera en los pocos metros de calzada que divisaba por delante.

Pronuncié una oración: «SEÑOR, no dejes que me desvíe de la carretera».

Al tomar una curva, los focos del auto iluminaron una fila regular de pequeñas luces a lo largo del centro de la carretera. ¡Como si fueran pequeñas centinelas! pensé. Ahora, lo único que necesito hacer *es seguirlas hasta llegar a casa*.

Aquellos pequeños reflectores de luz, en nuestras rutas nacionales, me hicieron pensar en las guías que Dios me provee en mi andar cristiano. Como los reflectores en la ruta, mis compañeros cristianos y yo no tenemos una fuente de luz propia. Pero como Moisés, quienes vuelven su corazón al Dador de la luz, reflejarán la gloria divina, e iluminarán la senda de la vida. ¿Cuántas veces le he pedido un consejo a un hermano o una hermana en Cristo, cuando me sentía perdida o necesitaba valor porque tenía miedo?

Así como los ingenieros civiles diseñaron las rutas con esos reflectores, para facilitar la conducción y darnos mayor seguridad, nuestro Señor nos ha provisto la ayuda mutua mientras recorremos las sendas que él ha dispuesto para nosotras.

Gracias, Señor, por aquellas personas que reflejan tu gloria e iluminan la oscuridad en mi viaje por esta vida.[42]

Carolyn Johnson

MEDITACIONES ACERCA DE

Centinelas radiantes

[Jesús dijo:] Hagan brillar su luz delante de todos, para que ellos puedan ver las buenas obras de ustedes y alaben al Padre que está en el cielo.

MATEO 5:16

Los sabios resplandecerán con el brillo de la bóveda celeste; los que instruyen a las multitudes en el camino de la justicia brillarán como las estrellas por toda la eternidad.

DANIEL 12:3

La senda de los justos se asemeja a los primeros albores de la aurora:
su esplendor va en aumento hasta que el día alcanza su plenitud.

PROVERBIOS 4:18

La luz de los justos brilla radiante.

PROVERBIOS 13:9

[Jesús dijo:] Entonces los justos brillarán en el reino de su Padre como el sol.

MATEO 13:43

Testigos de la luz

Tal vez te sientas descontenta con tu vida. No eres ningún genio, no te destacas por ningún don en particular, no tienes ninguna habilidad especial que llame la atención sobre tu persona. La mediocridad parecería ser la norma de tu existencia. No hay nada que distinga un día de otro, salvo su regularidad o la falta de entusiasmo. Y, no obstante, tú podrías tener una gran vida.

Jesús dijo de Juan el Bautista, alguien que no hizo ningún milagro durante su vida, que «entre los mortales no ha habido nadie más grande que Juan» (Lucas 7:28). Juan vino «para dar testimonio de la luz» (Juan 1:8) y esa debería ser también tu misión y la mía. Juan se contentaba con ser solo una voz, si con ello podía llevar a otras personas a Cristo.

Debes estar dispuesta a no ser más que una voz, que sea oída pero no vista, un espejo cuya superficie se hace invisible al reflejar la gloria deslumbrante del Hijo. Debes estar dispuesta a ser como la brisa que se levanta justo antes del amanecer, anunciando: «¡La aurora! La aurora», y luego desaparece.

Haz las tareas más cotidianas e insignificantes con la certeza de que Dios te ve. Si no congenias con las personas con quien vives, gánalas con amor. Si has cometido una gran falta en tu vida, no permitas que su sombra nuble el resto de tu vida, escóndela en lo secreto de tu corazón y aprovéchala para tener más fortaleza y carácter.

Hacemos más bien del que tenemos conciencia. Lo que hoy hagamos, las verdades sencillas del evangelio de Cristo que hoy sembremos, mañana las reconocerán otras personas como aquellos pensamientos que las encaminaron hacia el conocimiento de Cristo. Por lo pronto, cuando deje este mundo, nada me haría más feliz que si en vez de una hermosa losa sobre mi tumba, la gente sencilla se reuniera y dijera: «Fue una buena persona. Nunca hizo ningún milagro, pero habló de Cristo y me enseñó el camino a Jesús».[43]

Extracto de Manantiales en el Desierto

MEDITACIONES ACERCA DE

Testigos de la luz

Todo el día proclamará mi boca tu justicia y tu salvación,
aunque es algo que no alcanzo a descifrar.
Soberano SEÑOR, *relataré tus obras poderosas,*
y haré memoria de tu justicia,
de tu justicia solamente.
Tú, oh Dios, me enseñaste desde mi juventud,
y aún hoy anuncio todos tus prodigios.

SALMO 71:15–17

[Jesús dijo:] Pero cuando venga el Espíritu Santo sobre ustedes, recibirán poder y serán mis testigos tanto en Jerusalén como en toda Judea y Samaria, y hasta los confines de la tierra.

HECHOS 1:8

[Jesús dijo:] Pero antes de todo esto, echarán mano de ustedes y los perseguirán. Los entregarán a las sinagogas y a las cárceles, y por causa de mi nombre los llevarán ante reyes y gobernadores. Así tendrán ustedes la oportunidad de dar testimonio ante ellos. Pero tengan en cuenta que no hay por qué preparar una defensa de antemano, pues yo mismo les daré tal elocuencia y sabiduría para responder, que ningún adversario podrá resistirles ni contradecirles.

LUCAS 21:12–15

Quiero alabarte, SEÑOR, *con todo el corazón,*
y contar todas tus maravillas.

SALMO 9:1

Un momento de sanidad

«Me lo imagino», le dije a mi esposo mientras observábamos nuestro nuevo jardín en la parte trasera de la casa. «Todos esos hermosos rosales que me has regalado para mis cumpleaños quedarían muy bien ahí. Y al final todavía tendríamos lugar suficiente para una casa de juguete para Megan. No quiero nada extravagante, pero ¿no sería bueno poner una bañera con hidromasajes allí donde termina el césped? Así contemplaríamos las necesidades de todos, ¡y no gastaríamos más de lo que teníamos previsto!» Estaba convencida de la bondad de mis sugerencias y me sentía muy contenta con mis ideas mientras esperaba la respuesta de Matt.

Cuando le vi la cara, el corazón se me fue al piso. Me dijo que un veterinario de la localidad, que hacía dieciséis años que se dedicaba a rehabilitar halcones y búhos, pensaba dedicar su atención a otros aspectos de su profesión: «Si alguien no se ofrece de voluntario para ayudar con la rehabilitación de esas aves, las autoridades protectoras de aves autóctonas se verán obligadas a sacrificar incluso a aquellas que tienen excelentes chances de supervivencia».

Hace meses de eso. Nuestro jardín trasero ahora tiene un hermoso prado, pero allí donde yo me imaginaba una casa de juguete y una bañera de hidromasajes se erigen grandes pajareras. Gracias al tierno corazón de mi esposo biólogo, he sido testigo de la sanidad de muchas de las criaturas hermosas de Dios. También me he encontrado con increíbles extraños que llegan a casa con un variopinto conjunto de cajas y mantas albergando criaturas adoptivas enfermas o lesionadas. La conversación nunca se circunscribe solo a las aves, y alabo a Dios porque hemos tenido la oportunidad de ofrecer palabras de sanidad a los amantes de aves que a veces tienen gran necesidad de estímulo y alabanza.

Padre, gracias por mostrarme que de veras hay un tiempo para todo y que al suprimir lo baladí, tú produces verdadera sanidad.[44]

Joan Bay Klope

MEDITACIONES ACERCA DE

Un momento de sanidad

Todo tiene su momento oportuno; hay un tiempo para todo lo que se hace bajo el cielo:

un tiempo para nacer, y un tiempo para morir;
un tiempo para plantar, y un tiempo para cosechar;
un tiempo para matar, y un tiempo para sanar;
un tiempo para destruir, y un tiempo para construir.

ECLESIASTÉS 3:1–3

Por eso, anímense y edifíquense unos a otros, tal como lo vienen haciendo.

1 TESALONICENSES 5:11

La lengua que brinda consuelo es árbol de vida;
la lengua insidiosa deprime el espíritu.

PROVERBIOS 15:4

Hermanos, también les rogamos que amonesten a los holgazanes, estimulen a los desanimados, ayuden a los débiles y sean pacientes con todos.

1 TESALONICENSES 5:14

Porque Dios no es injusto como para olvidarse de las obras y del amor que, para su gloria, ustedes han mostrado sirviendo a los santos, como lo siguen haciendo.

HEBREOS 6:10

El amor al prójimo

Era la tercera vez en la mañana que sonaba el timbre de casa. El deseo de no atender la puerta era abrumador. No obstante, abrí bruscamente y vi a mi vecina parada en la puerta con una taza de medida en su mano.

«¿Podrías prestarme una taza de azúcar?», preguntó.

Con una sonrisa forzada, tomé su taza, me dirigí a la cocina, y deposité con un golpe la taza sobre el mostrador. La ropa para lavar —amontonada delante de la lavadora—, los platos del desayuno en el fregadero, la aspiradora en medio de la sala de estar me transmitían la urgencia de continuar con mis tareas domésticas. Además, tenía una reunión en la iglesia prevista para poco después.

Pero sabía que mi vecina se sentía sola y que pedirme azúcar era solo una excusa para visitarme. Cuando me volví para entregarle el azúcar, me di cuenta de que estaba observando las fotografías y cuadros de la pared de la cocina.

Su mirada se posaba en «Los amigos son siempre bienvenidos», sobre la puerta, y en «Ámense los unos a los otros», sobre el fregadero.

Un instante me bastó para ver mi actitud a través de sus ojos. ¿Desde cuándo estaba tan ocupada que necesitaba que los cuadros y las fotografías me hablaran del amor de Dios en vez de mostrarlo yo misma? ¿De qué servía trabajar en la iglesia si no les prestaba atención a los amigos y vecinos solitarios que tenía a mi alrededor?

Tomé una silla y la invité a sentarse, mientras ponía a calentar agua para el té. Luego le pregunté: «¿Por qué tanto apuro?».

Amado Señor:
Gracias por las oportunidades que me brindas para mostrarles tu amor a otros. No quisiera estar nunca tan ocupada que no tenga tiempo para aquellas personas que tú has puesto en mi vida.[45]

Beverly Hamilton

Meditaciones acerca de

El amor al prójimo

Uno de ellos, experto en la ley, le tendió una trampa [a Jesús] con esta pregunta: —Maestro, ¿cuál es el mandamiento más importante de la ley? —Ama al Señor tu Dios con todo tu corazón, con toda tu alma y con toda tu mente —le respondió Jesús—. Éste es el primero y el más importante de los mandamientos. El segundo se parece a éste: Ama a tu prójimo como a ti mismo.

Mateo 22:35–39

Cada uno debe agradar al prójimo para su bien, con el fin de edificarlo.

Romanos 15:2

Hacen muy bien si de veras cumplen la ley suprema de la Escritura: «Ama a tu prójimo como a ti mismo».

Santiago 2:8

Queridos hijos, no amemos de palabra ni de labios para afuera, sino con hechos y de verdad. En esto sabremos que somos de la verdad, y nos sentiremos seguros delante de él.

1 Juan 3:18–19

Nada que ofrecer... excepto tu vida

Cuando me comprometí y me casé con un predicador, lo hice llena de gozo, emoción y el sueño de servir a Dios de todo corazón. Hasta ese momento, gozaba de buena salud, éxito, logros, elogios y gratitud. Tenía fundados motivos para creer que una vida en el ministerio me traería más de lo mismo, además de más alegrías y la posibilidad de ayudar a otros. No estaba nada preparada para una enfermedad grave y debilitante, la pérdida de un embarazo, el trauma de una iglesia aquejada por problemas financieros, ni los ataques personales de la familia de la fe.

En uno de los sermones de mi esposo, encontré una semilla de esperanza: «Nuestras adversidades son las universidades de Dios». Las adversidades me condujeron a Dios, y Dios tenía lo que necesitaba para soportar y cumplir el compromiso que había asumido.

En Rut 1:16-17, Rut, la joven e inocente viuda, expresa su amor apasionado y su abnegación por su suegra anciana y acongojada. No eran la belleza, la riqueza ni la alegría de Noemí lo que atraía a Rut, porque su suegra había perdido esas gracias hacía tiempo.

En cambio, fue la fe de Noemí en el Dios vivo, su sabiduría espiritual y su constante devoción lo que la unió al corazón de la joven viuda pagana.

Rut prometió viajar, vivir y compartir la suerte con Noemí, aceptar a su Dios, e incluso, morir y ser sepultada en la tierra de Noemí. Su compromiso no fue solo de palabra ni se limitó a una expresión de sentimientos bien intencionados, como en el caso de su cuñada Orfa (Rut 1:14), sino que estuvo acompañado de un amor con propósito y actos de dedicación.

El compromiso debe alimentarse no solo con el raciocinio de la mente sino también con la determinación del corazón. Rut no tenía nada que ofrecerles a Noemí ni a Dios excepto su vida, y la entregó de buena gana. Toda mujer, en cualquier circunstancia o posición en que viva, tiene al menos su vida para entregar al SEÑOR y ¡vaya si es suficiente![46]

Dorothy Patterson

Meditaciones acerca de

Nada que ofrecer... excepto tu vida

Pero Rut respondió [a Noemí]: ¡No insistas en que te abandone o en que me separe de ti! Porque iré adonde tú vayas, y viviré donde tú vivas. Tu pueblo será mi pueblo, y tu Dios será mi Dios. Moriré donde tú mueras, y allí seré sepultada. ¡Que me castigue el Señor *con toda severidad si me separa de ti algo que no sea la muerte!*

Rut 1:16–17

Tú no te deleitas en los sacrificios ni te complacen los holocaustos;
de lo contrario, te los ofrecería.
El sacrificio que te agrada
es un espíritu quebrantado;
tú, oh Dios, no desprecias
al corazón quebrantado y arrepentido

Salmo 51:16–17

Amarlo con todo el corazón, con todo el entendimiento y con todas las fuerzas, y amar al prójimo como a uno mismo, es más importante que todos los holocaustos y sacrificios.

Marcos 12:33

Por lo tanto, hermanos, tomando en cuenta la misericordia de Dios, les ruego que cada uno de ustedes, en adoración espiritual, ofrezca su cuerpo como sacrificio vivo, santo y agradable a Dios.

Romanos 12:1

Lo poco es mucho

¿Quiero hacer cosas grandes para Dios? Tal vez siento algo de envidia de aquellos misioneros o pastores, o líderes y predicadores importantes. Tal vez siento que lo que estoy haciendo no es nada importante. No agrado a Dios tanto como esas personas.

Pero el servicio a Dios no se evalúa en comparación con el de otras personas. Para Dios lo que importa no es cómo me comparo con otras personas sino qué estoy haciendo con lo que él me ha dado. En la parábola de los talentos (Mateo 25:14-30), cada persona recibió un encargo «según su capacidad». El hombre que recibió cinco mil monedas ganó cinco mil más; el que recibió dos mil monedas, ganó dos mil más; pero el que recibió mil monedas, las enterró, y no hizo nada con ellas. El Señor condenó a este hombre, no porque hubiera obtenido menos ganancias que los otros sino porque no usó lo que se le había encargado.

Dios no mira la realidad como lo hacemos nosotras. Él conoce nuestras capacidades y sabe de qué manera seremos mejores instrumentos para él. Si me pide que cuide de una persona y yo le obedezco, para el SEÑOR eso vale tanto como si me hubiera llamado a tener un ministerio mundial y le hubiera obedecido.

No debo esperar a que se presenten grandes oportunidades en el futuro para servirle. Debo estar dispuesta a usar lo que él me ha dado ahora, aunque me resulte insignificante.[47]

June Gunden

¡Lo poco vale mucho cuando Dios está presente!
No trabajes por la riqueza o por la fama.
Hay una corona prometida, y puede ser tuya,
Si vas en el nombre de Jesús.

¿Te ha llamado Dios a trabajar en un lugar
Aparentemente pequeño o poco conocido?
Será grande si Dios está allí,
Y él no se olvida de sus hijos.

Kittle L. Suffield

Meditaciones acerca de

Lo poco es mucho

—Porque ustedes tienen tan poca fe —les respondió [Jesús]—. Les aseguro que si tienen fe tan pequeña como un grano de mostaza, podrán decirle a esta montaña: «Trasládate de aquí para allá». Para ustedes nada será imposible.

Mateo 17:20

[Jesús dijo]: El que es honrado en lo poco, también lo será en lo mucho; y el que no es íntegro en lo poco, tampoco lo será en lo mucho.

Lucas 16:10

Jesús se sentó frente al lugar donde se depositaban las ofrendas, y estuvo observando cómo la gente echaba sus monedas en las alcancías del templo. Muchos ricos echaban grandes cantidades. Pero una viuda pobre llegó y echó dos moneditas de muy poco valor. Jesús llamó a sus discípulos y les dijo: «Les aseguro que esta viuda pobre ha echado en el tesoro más que todos los demás. Éstos dieron de lo que les sobraba; pero ella, de su pobreza, echó todo lo que tenía, todo su sustento.»

Marcos 12:41–44

Su Señor *le respondió: «¡Hiciste bien, siervo bueno y fiel! En lo poco has sido fiel; te pondré a cargo de mucho más. ¡Ven a compartir la felicidad de tu* Señor*!».*

Mateo 25:21

Bendición en vez de cenizas

Todos los estratos de nuestra sociedad están atravesados por el culto al éxito, aun cuando sea posible definir el éxito en función de las propias metas. Los cristianos no somos inmunes. «A los cristianos siempre les va bien» y «Los hijos del Reino son siempre triunfadores» no son más que consignas ilusorias que nos engañan. Tenemos expectativas irreales de la vida cristiana y de nuestra vida, y cuando nos quebramos las alas, pensamos que después de un fracaso ya no servimos para nada.

Para quienes conocemos demasiado bien el sabor agrio de los fracasos, siempre es bueno recordar que aun los héroes de la fe han fracasado pero que, no obstante, continuaron siendo instrumentos en manos de Dios, en ocasiones de manera más profunda que después de su caída.

David compuso algunos de sus salmos más impresionantes después de sus más graves faltas, sin embargo Dios dijo que era «un varón conforme a su corazón» (1 Samuel 13:14, Reina-Valera 1960). Abraham mintió, quizá para salvar su pellejo y sin embargo, es el ejemplo más elevado de fe para tres religiones y fue llamado «amigo de Dios» (Santiago 2:23).

Dios invariablemente llama a las personas que han caído en la depresión de los fracasos a pastorear a otros. El llamado no es solo para quienes tienen talentos, están muy capacitados o son particularmente selectos.

Sin la experiencia amarga de su propia insuficiencia y pobreza, no estarían en absoluto capacitados para la labor del ministerio espiritual. Para ser paciente con las debilidades de otros se requiere de una persona que sepa lo que significan sus propias flaquezas...

Hay demasiados cristianos sinceros que frente a sus fracasos se reprochan implacablemente y no dejan de pedir perdón a Dios. Deberíamos convencernos de esta verdad, memorizarla y pegarla sobre un espejo: «Por lo tanto, ya no hay ninguna [grábatelo, ninguna] condenación para los que están unidos a Cristo Jesús» (Romanos 8:1).

No solo no nos condena, sino que Dios hace emerger bendición a partir de las cenizas de nuestros fracasos.[48]

Gini Andrews

Meditaciones acerca de

Bendición en vez de cenizas

[El Señor me ha enviado] a confortar a los dolientes de Sión.
Me ha enviado a darles una corona en vez de cenizas,
aceite de alegría en vez de luto,
traje de fiesta en vez de espíritu de desaliento.
Serán llamados robles de justicia,
plantío del Señor, para mostrar su gloria.

Isaías 61:3

Aparta tu rostro de mis pecados
y borra toda mi maldad.
Crea en mí, oh Dios, un corazón limpio,
y renueva la firmeza de mi espíritu.
No me alejes de tu presencia
ni me quites tu santo Espíritu.
Devuélveme la alegría de tu salvación;
que un espíritu obediente me sostenga.
Así enseñaré a los transgresores tus caminos,
y los pecadores se volverán a ti.

Salmo 51:9–13

El que con lágrimas siembra, con regocijo cosecha

Cuántas veces damos por sentado que aquella persona que está atravesando dificultades no podrá ministrar eficazmente a otros. En realidad, mientras aconsejamos a quienes están deprimidos y luchando con problemas personales, nunca se nos ocurre pensar que la mejor manera de animarlos sería ayudarlos a ministrar a otros, para que dejaran de concentrarse exclusivamente en su situación. Qué sabias las palabras del salmista:

El que llorando esparce la semilla,
cantando recoge sus gavillas (Salmo 126:6)

Hace unos años, mientras yo misma estaba pasando por una situación muy estresante en mi propia vida me vi obligada de pronto a cuidar a otra persona. Le había prometido a una amiga que sería un «hija» para su madre mientras ella y su esposo trabajaban durante dos años como misioneros en África. Nunca le hubiera prometido tal cosa si hubiera sabido que el día después de la partida de mi amiga, internarían a su madre en una condición crítica que dejaría perplejos a los médicos, hasta que falleciera unas semanas más tarde.

Yo no me encontraba en condiciones de ministrar a nadie... al menos eso era lo que yo pensaba. Pero a medida que comencé a visitar diariamente a Clara en el hospital, descubrí que en vez de sentirme más ansiosa, el tiempo que pasaba a su lado me rejuvenecía. Al identificarme con ella, llegué a darme cuenta de que mis propios problemas no eran nada comparados con sus necesidades. A medida que la atendía y me concentraba en su bienestar, me sentía mejor. Clara no era pasiva de ningún modo ante mi atención. Respondía a mi amor y me devolvía mucho más de lo que yo le daba. Me ayudó a sobrellevar un momento muy difícil de mi vida, y siempre conservaré un recuerdo muy grato de la compañía íntima que disfrutamos durante sus últimos días, cuando yo sembré llorando y con regocijo coseché bendición.[49]

Rut A. Tucker

MEDITACIONES ACERCA DE

El que con lágrimas siembra, con regocijo cosecha

El que con lágrimas siembra,
con regocijo cosecha.

SALMO 126:5

[Jesús dijo]: Ciertamente les aseguro que ustedes llorarán y se lamentarán, mientras que el mundo se alegrará. Se pondrán tristes, pero su tristeza se convertirá en alegría.

JUAN 16:20

Ciertamente, ninguna disciplina, en el momento de recibirla, parece agradable, sino más bien penosa; sin embargo, después produce una cosecha de justicia y paz para quienes han sido entrenados por ella.

HEBREOS 12:11

Alabado sea el Dios y Padre de nuestro SEÑOR *Jesucristo, Padre misericordioso y Dios de toda consolación, quien nos consuela en todas nuestras tribulaciones para que con el mismo consuelo que de Dios hemos recibido, también nosotros podamos consolar a todos los que sufren.*

2 CORINTIOS 1:3–4

Afecto entrañable para las necesidades

La amistad nos da permiso para presentarnos ante un amigo en necesidad sin tener que preguntar:«¿Cuándo te vendría bien que pasara a verte?» o «¿Qué puedo hacer por ti?». La amistad tampoco dice: «No tienes más que avisarme, si necesitas algo».

La amistad bien cultivada susurra: «Cuenta conmigo», y atraviesa la puerta con sensibilidad, respeto y comprensión.

Pero, ¿qué del respeto al derecho de invitación? Quienes esperen recibir una tarjeta de invitación, esperarán demasiado y ya será tarde, porque los necesitados no suelen dar una fiesta... muchas veces ni siquiera encuentran las palabras.

Sin embargo, la necesidad es hija de la necesidad. Necesita protegerse de los extraños, que irrumpen con ganas de encargarse de todo y con buenas intenciones. Necesita librarse de los conocidos haciendo gala de buenos consejos y respuestas fáciles.

La necesidad espera anhelante la llegada espontánea de los amigos queridos que los días corrientes entran descalzos en nuestra alma.[50]

Susan L. Lenzkes

¿Sabes que el mundo se muere
por un poco de amor?
Doquiera escuchamos el suspiro
por un poco de amor;
amor que enderece el mal, y
con esperanza y júbilo
llene el corazón.
Hace mucho que tú esperas
un poco de amor…
Solo un poco de amor.
Solo un poco de amor.
Hace mucho que tú esperas
un poco de amor.

Por los pobres de la ciudad,
un poco de amor,
las manos extienden por caridad
un poco de amor.
Agobiados por su pesada carga,
abatidos por la tristeza,
¿caerán en la desesperación
por un poco de amor?
Solo un poco de amor.
Solo un poco de amor.
¿Caerán en la desesperación
por un poco de amor?

Edwin O. Excell

MEDITACIONES ACERCA DE

Afecto entrañable para las necesidades

Por lo tanto, como escogidos de Dios, santos y amados, vístanse de afecto entrañable y de bondad, humildad, amabilidad y paciencia.

COLOSENSES 3:12

Si te dedicas a ayudar a los hambrientos
y a saciar la necesidad del desvalido,
entonces brillará tu luz en las tinieblas,
y como el mediodía será tu noche.

ISAÍAS 58:10

Más valen dos que uno,
porque obtienen más fruto de su esfuerzo.
Si caen, el uno levanta al otro.
¡Ay del que cae
y no tiene quien lo levante!

ECLESIASTÉS 4:9–10

Que su amabilidad sea evidente a todos. El SEÑOR *está cerca.*

FILIPENSES 4:5

Un estallido de color

¿El diente de león! Por más que intente arrancar estas malezas de raíz, siempre quedará algo en la tierra. Nunca puedo arrancarlas del todo. Parte de la raíz permanece dentro de la tierra, y luego vuelve a nacer y a florecer.

Pero a pesar de la mala fama que tiene esta planta, el diente de león produce unas hermosas flores amarillas semejantes a pequeñas margaritas. Y no hay flor más hermosa que las del diente de león cuando una mano pequeña y sucia nos regala un ramo de estas flores. A nadie se le reprocha que las haya arrancado. Tal vez crecen solo para que los niños las usen y las disfruten.

Nadie le presta atención al diente de león, se le combate, nadie lo cuida ni lo cultiva y, sin embargo, siempre florecen profusamente. No necesitan ninguna atención ni cuidados especiales para producir un estallido de color en los campos, en los jardines o entre las baldosas de la acera, aun en los mejores vecindarios. ¿A quién podría ocurrírsele cultivarlas en un jardín? No respetan los límites y sus radiantes rostros amarillos aparecen en cualquier lugar del prado. ¡Son incontrolables!

Los cristianos deberíamos parecernos más al diente de león. Nuestros rostros coloridos y radiantes deberían ser un recordatorio de que la fe tiene raíces profundas que no es posible desarraigar. Nuestro vasto número le mostraría al mundo que aunque no tenemos nada de originales o delicados, estamos en todas partes, incluso en los mejores vecindarios.

Deberíamos ser tan comunes como el diente de león. Jesús lo fue. Necesitamos dejar nuestros jardines, y traspasar las fronteras que nos impiden llegar a los lugares donde la gente espera encontrarnos.

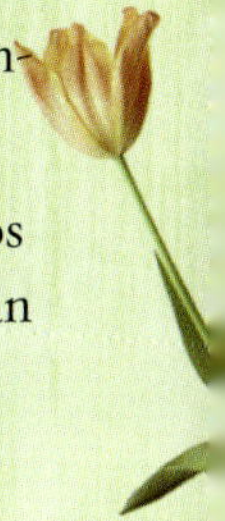

Necesitamos iluminar con nuestros rostros brillantes todos aquellos lugares que necesitan más luz: la grieta en la acera o césped de un club de golf.[51]

Janice Kempe

MEDITACIONES ACERCA DE

Un estallido de color

Así, todos nosotros, que con el rostro descubierto reflejamos como en un espejo la gloria del SEÑOR, somos transformados a su semejanza con más y más gloria por la acción del SEÑOR, que es el Espíritu.

2 CORINTIOS 3:18

Canten al SEÑOR, alaben su nombre;
anuncien día tras día su victoria.
Proclamen su gloria entre las naciones,
sus maravillas entre todos los pueblos.

SALMO 96:2–3

Canten al SEÑOR, alaben su nombre;
anuncien día tras día su victoria.
Proclamen su gloria entre las naciones,
sus maravillas entre todos los pueblos.

SALMO 30:11–12

Por eso oramos constantemente por ustedes, para que nuestro Dios los considere dignos del llamamiento que les ha hecho, y por su poder perfeccione toda disposición al bien y toda obra que realicen por la fe. Oramos así, de modo que el nombre de nuestro SEÑOR *Jesús sea glorificado por medio de ustedes, y ustedes por él, conforme a la gracia de nuestro Dios y del* SEÑOR *Jesucristo.*

2 TESALONICENSES 1:11–12

Oh, háblame, SEÑOR, *y hablaré*
en ecos vivos de tu dulce voz;
y como siervo tuyo buscaré
a los que vagan sin tu paz.

Enséñame, SEÑOR, *y enseñaré*
las maravillas de tu ley;
que tu Palabra, pura luz,
al alma hambrienta vida dé.

Oh lléneme, SEÑOR, *tu plenitud;*
de gracia y de tu gran poder,
y al mundo pueda yo anunciar
las alabanzas de tu amor.

Dirígeme, SEÑOR, *ocúpame,*
haz que rebose en mí tu voluntad;
que al fin la gloria de tu faz
en tu presencia pueda ver.[52]

Frances Ridley Havergal

La sanidad DEL CIELO

PAZ EN LA ESPERANZA DE VIDA ETERNA

Un mundo mejor

Esta tierra parece bien firme. Dondequiera que miremos, hacia el Himalaya o el Gran Cañón, el Océano Pacífico o las capas de hielo polar, nuestro viejo mundo parece ser indestructible. Y, en cierto sentido... es así. Así será hasta que llegue aquel día en que «los cielos desaparecerán con un estruendo espantoso, los elementos serán destruidos por el fuego, y la tierra, con todo lo que hay en ella, será quemada» (2 Pedro 3:10). Isaías lo expresa con términos más poéticos:

> *«La tierra se quiebra, se desintegra;*
> *la tierra se agrieta, se resquebraja;*
> *la tierra tiembla y retiembla»*
> (Isaías 24:19).

Nuestro mundo puede parecernos eterno, pero no es así. Su permanencia es mera ilusión. Hay un mundo, sin embargo, cuyos fundamentos no pueden estremecerse y cuyas calles no podrán ser profanadas jamás. El cielo es un lugar de verdad, y ¡hacia allá nos dirigimos! Permanecerá tanto tiempo como su Arquitecto y Creador, y como Dios es eterno, durará por la eternidad. En el cielo viviremos con Cristo para siempre. No hay firmamento más sólido que ese.[53]

Dave y Jan Dravecky

Hay un mundo mejor, dicen.
¡Deslumbrante! ¡Esplendoroso!
Donde el pecado y el sufrimiento ya no serán más.
¡Deslumbrante! ¡Esplendoroso!
Los sones de música suave resuenan en el aire,
Los ángeles baten sus alas resplandecientes,
Laúdes de oro y gloriosas mansiones.
¡Deslumbrante! ¡Esplendoroso!

Ninguna nube de sombra cubrirá ese cielo.
¡Qué feliz hogar! ¡Estar con Jesús!
Ninguna lágrima nublará nuestra vista.
¡Qué feliz hogar! ¡Estar con Jesús!
Beberemos de fuentes inagotables de gracia,
Contemplaremos la faz del Salvador
Que ilumina con su luz el santo lugar;
¡Qué feliz hogar! ¡Estar con Jesús!

John Lyth

Meditaciones acerca de

Un mundo mejor

Así que no nos fijamos en lo visible sino en lo invisible, ya que lo que se ve es pasajero, mientras que lo que no se ve es eterno.

2 Corintios 4:18

Pero, según su promesa, esperamos un cielo nuevo y una tierra nueva, en los que habite la justicia.

2 Pedro 3:13

Después vi un cielo nuevo y una tierra nueva, porque el primer cielo y la primera tierra habían dejado de existir, lo mismo que el mar. Vi además la ciudad santa, la nueva Jerusalén, que bajaba del cielo, procedente de Dios, preparada como una novia hermosamente vestida para su prometido.

Apocalipsis 21:1–2

Presten atención, que estoy por crear un cielo nuevo y
una tierra nueva.
No volverán a mencionarse las cosas pasadas,
ni se traerán a la memoria.

Isaías 65:17

Entonces comprenderemos

A pesar de nuestras malas decisiones y de la ceguera espiritual en nuestra vida, nuestro buen Señor aún nos ama. A Dios le agrada que nos regocijemos con él y en él.

En el momento de nuestra hora postrera, cuando llegue el momento del juicio en las alturas, entonces comprenderemos por la gracia de Dios los misterios que hoy nos confunden. Nadie podrá decir: «Señor, si las cosas hubieran sido de otro modo, todo habría sido mejor».

Todos proclamaremos al unísono: «Señor, bendito seas tú porque todo es como es. Está bien. Ahora sí podemos ver realmente que tu propósito se ha cumplido; tu habías planeado todo antes de que las cosas sucedieran».

¿Qué significa esto? Escucha con atención. Significa amor. ¿Quién lo revela? El amor. ¿Por qué lo revela? Por amor.

Es la única lección que tenemos. No necesitas aprender ninguna otra lección. Ninguna. Fuimos creados en amor, y entonces comprenderemos todo por los siglos de los siglos.[54]

Julian de Norwich

Amo y dejo de amar: SEÑOR, *me destroza el corazón*
amar y dejar de amar.
Tras el velo de tu gloria, alejado
en tu excelso hogar celestial,
¿no me amas, SEÑOR*?,*
¿no te importa mi sufrimiento?
Te amo aquí o allí:
tu corazón quebrantado aceptaré, descansa en mi paz.

SEÑOR, *las bondades del pasado*
ya jamás volverán,
cuando rebosaba de juventud y alegría.
Ahora, agobiada por el dolor,
abatida y desanimada,
¿por cuánto tiempo, SEÑOR*?*
Te cuido como eres,
acepto tu corazón desfallecido: sé fuerte.

«Descansa» «Sé fuerte» hoy: pero SEÑOR *¿y mañana?*
¿Qué pasará mañana, SEÑOR*?*
¿Hallaré paz en mis angustias,
alivio a mi sufrimiento, nueva vida,
ahora no más que sepultura inhóspita para mí,
cambiaré mi tristeza en gozo?
¿Acaso no morí yo por ti?
¿No vivo por amor a ti? Tu mañana está en mis manos.[55]

Christina Rossetti

MEDITACION ACERCA DE

Entonces comprenderemos

Ahora vemos de manera indirecta y velada, como en un espejo; pero entonces veremos cara a cara. Ahora conozco de manera imperfecta, pero entonces conoceré tal y como soy conocido.

1 CORINTIOS 13:12

Quiero que lo sepan para que cobren ánimo, permanezcan unidos por amor, y tengan toda la riqueza que proviene de la convicción y del entendimiento. Así conocerán el misterio de Dios, es decir, a Cristo, en quien están escondidos todos los tesoros de la sabiduría y del conocimiento.

COLOSENSES 2:2–3

Una voz proclama:
«Preparen en el desierto
un camino para el SEÑOR;
enderecen en la estepa
un sendero para nuestro Dios.
Que se levanten todos los valles,
y se allanen todos los montes y colinas;
que el terreno escabroso se nivele
y se alisen las quebradas.
Entonces se revelará la gloria del SEÑOR,
y la verá toda la humanidad.
El SEÑOR mismo lo ha dicho.»

ISAÍAS 40:3–5

UNA NUEVA CREACIÓN

Había sido una noche muy larga. Mi hermana, Ladonna, estaba en su lecho de muerte, y quienes tanto la amábamos no podíamos hacer nada al respecto. Pero ¡cuánto habíamos hecho por ella! Habíamos confiado en Dios, habíamos orado. Yo incluso había ayunado y orado.

Habíamos llevado a Ladonna a consultas con los mejores especialistas de cáncer y realizado cambios drásticos en su dieta. La atendíamos con amor y cariño, día y noche. La alimentábamos, la bañábamos, le leíamos y le cantábamos, le dábamos masajes en los pies y la espalda, y le acomodábamos las almohadas. Le contábamos bromas y nos reíamos con ella, y nos volvíamos para que no viera nuestras lágrimas.

Ladonna también confiaba y oraba. Sin embargo, esta iba a ser su última noche. Estaba agonizando. Ruth, mi otra hermana, le tomó la mano y le dijo: «Querida, nunca te olvidaremos. Te veremos en todos los amaneceres y en todos los atardeceres, en todos los árboles y en todas las flores».

Ladonna miró a Ruth y susurró, con voz apenas imperceptible: «Y no te olvides de las mariposas, Ruthie».

Las mariposas: símbolo del nuevo nacimiento y de la resurrección ¡qué imagen tan hermosa! Dios libraba a Ladonna del dolor y del quebranto. Él la resucitaría con un glorioso cuerpo nuevo, a una gloriosa nueva vida. Y ella quería que nosotras recordáramos eso.

Querido Dios:
Gracias porque un día el sufrimiento de este mundo pasará. Gracias, también, por recordarnos que por creer en Jesús yo también me uniré a ti en tu resurrección: con un glorioso cuerpo nuevo y una vida nueva. Amén.[56]

Wilma Brown Giesser

MEDITACIONES ACERCA DE

Una nueva creación

No plantas el cuerpo que luego ha de nacer sino que siembras una simple semilla de trigo o de otro grano. Pero Dios le da el cuerpo que quiso darle, y a cada clase de semilla le da un cuerpo propio. No todos los cuerpos son iguales: hay cuerpos humanos; también los hay de animales terrestres, de aves y de peces. Así mismo hay cuerpos celestes y cuerpos terrestres; pero el esplendor de los cuerpos celestes es uno, y el de los cuerpos terrestres es otro. Uno es el esplendor del sol, otro el de la luna y otro el de las estrellas. Cada estrella tiene su propio brillo. Así sucederá también con la resurrección de los muertos. Lo que se siembra en corrupción, resucita en incorrupción; lo que se siembra en oprobio, resucita en gloria; lo que se siembra en debilidad, resucita en poder..

1 CORINTIOS 15:37–43

En cambio, nosotros somos ciudadanos del cielo, de donde anhelamos recibir al Salvador, el SEÑOR *Jesucristo. Él transformará nuestro cuerpo miserable para que sea como su cuerpo glorioso, mediante el poder con que somete a sí mismo todas las cosas.*

FILIPENSES 3:20–21

Tener esperanza en la esperanza

Hay ocasiones en que las sombras parecen cubrir toda mi vida, la noche es tan oscura que necesito esperanza para tener esperanza. Esperar algo con esperanza ya es difícil, pero la verdadera paciencia se expresa cuando debemos esperar para tener esperanza. Cuando a pesar de no haber perspectivas favorables nos rehusamos a sumirnos en la desesperación; cuando a través de los cristales no podemos ver más allá de la noche oscura, pero dejamos los postigos abiertos porque tal vez aparezca alguna estrella en el cielo; cuando tenemos un vacío en el corazón, pero no permitimos que sea llenado por otra cosa que lo mejor de Dios... En todo el universo no hay paciencia más grande que esta. Esa fue la historia de Job en medio de la tormenta; la de Abraham en el camino a Moriá, la de Moisés en desierto de Madián, la del Hijo del hombre en el huerto de Getsemaní. No hay paciencia más firme que la que persevera «como si estuviera viendo al Invisible» (Hebreos 11:27). Esa es la paciencia que espera tener esperanza.

Querido SEÑOR: Tú has hecho hermosa la espera y divina la paciencia. Tú me has enseñado que tu voluntad debería ser aceptada solo porque es tu voluntad.

Tú nos has revelado que una persona tal vez no vea más que su copa de aflicción y, sin embargo, esté dispuesta a beberla, convencida de que la mirada del Padre ve mucho más allá que la nuestra.

Padre, dame tu poder divino, el poder de Getsemaní. Dame fuerzas para tener esperanza en la esperanza, para mirar a través de la ventana cuando no brillan las estrellas. Dame poder cuando el gozo me abandone, para que permanezca triunfante en medio de la noche oscura y pueda decir: «Para mi Padre celestial el sol todavía brilla con su resplandor».

Cuando haya aprendido a esperar hasta tener esperanza, entonces sí seré verdaderamente fuerte.

Esfuérzate por ser una de las pocas personas que caminan por este mundo con la certeza siempre presente -de mañana, al mediodía y por la noche- de que lo desconocido que los hombres llaman cielo, se esconde directamente detrás las cosas que se ven.[57]

Extracto de Manantiales en el desierto.

Meditaciones acerca de

Tener esperanza en la esperanza

Ahora bien, la fe es la garantía de lo que se espera, la certeza de lo que no se ve.

Hebreos 11:1

Cristo, en cambio, es fiel como Hijo al frente de la casa de Dios. Y esa casa somos nosotros, con tal que mantengamos nuestra confianza y la esperanza que nos enorgullece.

Hebreos 3:6

En verdad, Dios ha manifestado a toda la humanidad su gracia, la cual trae salvación y nos enseña a rechazar la impiedad y las pasiones mundanas. Así podremos vivir en este mundo con justicia, piedad y dominio propio, mientras aguardamos la bendita esperanza, es decir, la gloriosa venida de nuestro gran Dios y Salvador Jesucristo.

Tito 2:11–13

Sólo en Dios halla descanso mi alma;
de él viene mi esperanza.

Salmo 62:5

¡Solo Dios basta!

La lección más importante que debemos aprender es que Dios, y solo Dios, basta para satisfacer nuestras necesidades. Esta es la lección que quiere enseñarnos Dios en su relación con nosotras, y este es el descubrimiento que coronará toda nuestra vida cristiana. ¡SOLO DIOS BASTA!

Nadie encontrará paz en el corazón hasta que, libre de todo, haya aprendido a depender solo del Señor. Mientras tengamos expectativas de otras cosas, lo único que podemos esperar es tener desilusiones. Los sentimientos cambian, las doctrinas y los dogmas se refutan, la obra cristiana puede frustrarse, las oraciones pueden perder su fervor, las promesas aparentemente no se cumplen, todo aquello en que creíamos o de lo que dependíamos parece desvanecerse, hasta que solo queda Dios: solo Dios, Dios «a secas» podríamos decir, nada más que Dios.

Si Dios es como él se nos ha revelado, si de veras él es el «Dios de toda consolación» (2 Corintios 1:3), si él es nuestro pastor, si él es verdaderamente nuestro Padre, si él reúne todos los atributos que nos ha dicho de su carácter y sus caminos son realmente verdaderos, debemos tener la convicción cierta de que él, y solo él, bastará para satisfacer todas nuestras necesidades. Podemos confiar seguros en él, completamente y para siempre.[58]

Hannah Whitall Smith

Me basta con tu gracia, que me das día a día.
Me basta con tu gracia, que me ayuda a ascender por el sendero de la vida.

Me basta tu consuelo, que me reconforta cuando estoy triste.
Me basta tu paz que me anima en la tormenta.

Me basta el amor de Jesús, que me inunda de gozo.
Me basta tu esperanza que mantiene encendida la llama del altar de la fe.

Me basta tu gozo que alegra mi corazón y despierta mi alabanza.
Me basta la felicidad de estar al servicio de mi Rey.

Solo Dios basta.
Esta es mi alabanza, todo el día,
No necesito más.
Solo Dios basta.

William L. Dale

Meditaciones acerca de

¡Solo Dios basta!

Pero [Jesús] me dijo: Te basta con mi gracia, pues mi poder se perfecciona en la debilidad. Por lo tanto, gustosamente haré más bien alarde de mis debilidades, para que permanezca sobre mí el poder de Cristo.

2 Corintios 12:9

Porque para mí el vivir es Cristo y el morir es ganancia.

Filipenses 1:21

Sin embargo, todo aquello que para mí era ganancia, ahora lo considero pérdida por causa de Cristo. Es más, todo lo considero pérdida por razón del incomparable valor de conocer a Cristo Jesús, mi Señor. Por él lo he perdido todo, y lo tengo por estiércol, a fin de ganar a Cristo.

Filipenses 3:7–8

Sé lo que es vivir en la pobreza, y lo que es vivir en la abundancia. He aprendido a vivir en todas y cada una de las circunstancias, tanto a quedar saciado como a pasar hambre, a tener de sobra como a sufrir escasez. Todo lo puedo en Cristo que me fortalece.

Filipenses 4:12–13

El gozo celestial

Señor, ¿por qué sigo dudando cuando tú me has reiterado tantas veces tu amor? En primer lugar, eres mi Creador, y yo soy tu criatura: tú eres mi Señor, y yo soy tu sierva. Sin embargo, mi consuelo lo encuentro al saber que tú eres mi Padre, y yo soy tu hija: «Ustedes serán mis hijos y mis hijas» (2 Corintios 6:18), dice el Señor Todopoderoso. Cristo es mi hermano, asciendo a mi Padre, que es tu Padre; de mi Dios, y de tu Dios. Pero si esto no fuera suficiente, mi hacedor es mi esposo. Más aún, soy miembro de su cuerpo, él es mi cabeza. ¿Quién o dónde hallar al hombre que hubiera podido concebir estos honores, si no se lo hubiera revelado la Palabra de verdad? Estos pensamientos son tan sublimes que mi espíritu desfallece cuando los considero, no entiendo por qué Dios, habiendo hecho tanto por mí, requiere tan poco de mí. Pero este es mi consuelo: cuando llegue al cielo, comprenderé a la perfección lo que él hizo por mí, y entonces podré alabarlo como él es digno. Señor, con esta esperanza, purifícame como tú eres puro, no permitas que tema la muerte, que mi anhelo sea un día estar contigo, nada habrá mejor que eso.[59]

Anne Bradstreet

La débil cuerda cederá
Y no podré cual hoy cantar;

Más en palacio de mi Rey
¡Qué gozo mío al despertar!

Mi casa terrenal caerá
El cuándo no podré decir,

Mas sé que Cristo tiene ya
Morada eterna para mí.

El áureo sol, al descender
Un día para mi solaz,

A mí dirá mi Salvador:
«Bien hecho; entra tú en mi paz».

Ahora espero su llamar,
Y hasta entonces velaré;

La puerta luego él abrirá
Y a él mi vuelo emprenderé.

Y cara a cara le veré,
y el nuevo canto entonaré.

De gracias al SEÑOR *Jesús*
por su obra consumada en la cruz.

Fanny Crosby

Meditaciones acerca de

El gozo celestial

Y oí a cuanta criatura hay en el cielo, y en la tierra, y debajo de la tierra y en el mar, a todos en la creación, que cantaban:

«¡Al que está sentado en el trono y al Cordero, sean la alabanza y la honra, la gloria y el poder, por los siglos de los siglos!».

Apocalipsis 5:13

[Jesús dijo:] Sin embargo, no se alegren de que puedan someter a los espíritus, sino alégrense de que sus nombres están escritos en el cielo.

Lucas 10:20

Me guías con tu consejo, [Señor,]
y más tarde me acogerás en gloria.
¿A quién tengo en el cielo sino a ti?
Si estoy contigo, ya nada quiero en la tierra.

Salmo 73:24–25

Volverán los rescatados del Señor
y entrarán en Sión con cánticos de júbilo;
su corona será el gozo eterno.
Se llenarán de regocijo y alegría,
y se apartarán de ellos el dolor y los gemidos.

Isaías 51:11

Esperanza para los que han perdido la esperanza

Me siento con ganas de ponerme a llorar y no parar. Lo extraño tanto que el dolor que siento me desgarra el pecho. La vida nunca volverá a ser la misma.

¿Conoces el profundo dolor de una viuda? Si has perdido un hijo, un padre, un familiar cercano o un amigo, tal vez sepas lo que es el desconsuelo. ¿Hay alguien que pueda consolarte cuando te sientes más que angustiada por la congoja?

El salmista se identifica con el dolor de los afligidos:

Los lazos de la muerte me enredaron;
me sorprendió la angustia del sepulcro,
y caí en la ansiedad y la aflicción. (Salmo 116:3)

En medio del vacío, la soledad, y la angustia, ¿a quién se vuelve el salmista?

Entonces clamé al Señor:
«¡Te ruego, Señor, que me salves la vida!»
(Salmo 116:4)

Se vuelve al único que puede enjugar nuestras lágrimas (Isaías 25:8), cargar nuestras enfermedades y soportar nuestros dolores (Isaías 53:4), el hombre que sabe lo que es ser despreciado (Isaías 53:3).

Así también nosotras, cuando estemos angustiadas, debemos volvernos a Dios y buscar consuelo en su Palabra. Las Escrituras no niegan nuestro dolor, pero lo ponen en la perspectiva justa, algo muy fácil de olvidar en momentos de trauma y crisis emocional.

La Palabra de Dios infunde esperanza cuando nos sentimos completamente solas y desesperanzadas. Encontramos consuelo porque sabemos que Dios no nos tentará más allá de lo que podamos aguantar (1 Corintios 10:13). Y porque sabemos que la muerte no tiene la victoria de los que mueren en Cristo (1 Corintios 15:22, 53-56).

Dios tiene el dominio. Incluso el terrible quebranto y la congoja que nos embarga cuando muere uno de nuestros seres queridos están bajo el SEÑORÍO del SEÑOR. La Palabra de Dios y su Espíritu pueden consolar nuestros corazones afligidos para que podamos decir con el salmista:

Por eso andaré siempre delante del SEÑOR
en esta tierra de los vivientes.
Yo, SEÑOR, soy tu siervo
¡Alabado sea el SEÑOR!
(Salmo 116:9, 16, 19).[60]

Carol L. Baldwin

MEDITACIONES ACERCA DE

Esperanza para los que han perdido la esperanza

[El Dios todopoderoso] devorará a la muerte para siempre;
el SEÑOR omnipotente enjugará las lágrimas de todo rostro, y quitará de toda la tierra
el oprobio de su pueblo.
El SEÑOR mismo lo ha dicho.
ISAÍAS 25:8

Despreciado y rechazado por los hombres,
varón de dolores, hecho para el sufrimiento.
Todos evitaban mirarlo;
fue despreciado, y no lo estimamos.
ISAÍAS 53:3

Porque lo corruptible tiene que vestirse de lo incorruptible, y lo mortal, de inmortalidad. Cuando lo corruptible se vista de lo incorruptible, y lo mortal, de inmortalidad, entonces se cumplirá lo que está escrito: «La muerte ha sido devorada por la victoria».

«¿Dónde está, oh muerte, tu victoria?
¿Dónde está, oh muerte, tu aguijón?»
1 CORINTIOS 15:53–55

Con amor eterno

En la escuela de la iglesia aprendí que Jesús nos ama. Toda mi vida lo he creído. De adulta, llegué a ser una maestra que enseñaba acerca del amor de Dios en las clases de la escuela de iglesia, en los estudios bíblicos, iglesias y conferencias por todo el mundo. Creía saber de verdad cuánto nos cuidaba Dios. Pero entonces me golpeó la tragedia. Me vi obligada a refugiarme en el manantial espiritual de mi ser interior, y no encontré respuesta. Pregunté al Señor por qué sufren los buenos. Oraba de noche y de día, suplicándole a Dios que hiciera un milagro tangible o que hiciera algo para cambiarme el corazón y así dejar de sentir dolor. Me sentía abandonada.

Luego decidí que simplemente debía descubrir la grandeza del amor de Dios y aprender a ahondar en su conocimiento espiritual. No podía depender de las circunstancias para encontrar pruebas de su amor y aprobación. Aunque conocía las pruebas en mi vida, todavía necesitaba aprender que su amor trasciende las circunstancias tanto buenas como adversas. Fue entonces cuando él me habló por medio de Jeremías 31:3:

Hace mucho tiempo se me apareció el SEÑOR y me dijo:
«Con amor eterno te he amado;
por eso te sigo con fidelidad».

Estas palabras me impactaron con toda su fuerza, como un rayo. Quedé aturdida, sobrecogida. Era como si Dios en persona me rodeara con sus brazos amorosos y me dijera: «Marie, jamás he prometido que mis hijos nunca sufrirían en esta vida, pero te aseguro que a pesar de tus circunstancias te amaré con amor eterno. Mi fidelidad siempre te acompañará en medio de todas tus experiencias».

La grandeza de su amor, aun en medio de la angustia y la tragedia, revolucionó mi vida. Jeremías 31:3 se convirtió en mi versículo de vida. Me puse en la categoría de «Persona amada» y estoy convencida de ello. Aunque desde aquel entonces he pasado por otras adversidades, nunca perdí mi confianza en el amor de Dios hacia mí.

Dios nos invita a una relación de amor porque es el fundamento de la vida. Su amor es eterno; no cambia; perdurará para siempre. Podemos considerarnos una «Persona amada» no por cuenta de nuestras circunstancias o situación sino simplemente porque Dios nos ama con amor perfecto, absoluto y eterno.[61]

Marie Chapian

MEDITACIONES ACERCA DE

Con amor eterno

¡Alaben al SEÑOR *porque él es bueno, y su gran amor*
perdura para siempre!

1 CRÓNICAS 16:34

La bondad y el amor me seguirán
todos los días de mi vida;
y en la casa del SEÑOR
habitaré para siempre.

SALMO 23:6

Pero yo soy como un olivo verde
que florece en la casa de Dios;
yo confío en el gran amor de Dios
eternamente y para siempre.

SALMO 52:8

Declararé que tu amor permanece firme para siempre,
que has afirmado en el cielo tu fidelidad

SALMO 89:2

Pero el amor del SEÑOR *es eterno y siempre está con los que le temen;*
su justicia está con los hijos de sus hijos

SALMO 103:17

Mi nuevo hogar

El propietario de la vivienda que he ocupado durante muchos años, me ha avisado que hará poco y nada para mantener la casa en buen estado. También me notificó que fuera teniendo en cuenta la necesidad de mudarme.

En un principio, la noticia no me cayó nada bien. Se trata de un barrio muy agradable y si no fuera por el deterioro de la propia vivienda, la casa sería muy acogedora. No obstante, basta la más ligera brisa para que la casa trepide y oscile, y los cimientos no son suficientemente firmes para garantizar su seguridad. Por lo tanto, estoy preparando la mudanza.

Una vez que me he hecho a la idea de mudarme, es extraño lo rápido que puedo transferir mi interés a un nuevo hogar en otro país. He consultado mapas del lugar y leído descripciones acerca de sus habitantes. Una persona que conoce el lugar estuvo de visita y me ha dicho que la belleza del lugar es tal que sería imposible expresarla con palabras. Me dijo que perdió todas sus posesiones aquí a cambio de una inversión allí, pero que se alegra en lo que otros considerarían un sacrificio.

Tengo otro conocido, que me ha dado pruebas increíbles de su amor hacia mí, que vive allí ahora. Me ha enviado varios racimos de uvas. Nunca había probado uvas más deliciosas que esas. Después de probarlas, todo lo demás me parece insípido.

Varias veces he bajado a la orilla del río que separa esta tierra de ese más allá, y cuánto he deseado encontrarme en la otra orilla, en compañía de aquellos que cantan alabanzas al Rey. Muchos de mis amigos ya han cruzado el río. Al despedirse, sabíamos que nos volveríamos a encontrar. He visto la sonrisa en sus rostros al perderlos de vista. Por eso, siempre que alguien me invita a hacer una inversión aquí, ahora respondo: «Estoy preparándome para mi nuevo hogar».[62]

Extracto de Manantiales en el desierto.

MEDITACIONES ACERCA DE

Mi nuevo hogar

Todos ellos [los héroes de la fe] vivieron por la fe, y murieron sin haber recibido las cosas prometidas; más bien, las reconocieron a lo lejos, y confesaron que eran extranjeros y peregrinos en la tierra. Al expresarse así, claramente dieron a entender que andaban en busca de una patria. Si hubieran estado pensando en aquella patria de donde habían emigrado, habrían tenido oportunidad de regresar a ella. Antes bien, anhelaban una patria mejor, es decir, la celestial. Por lo tanto, Dios no se avergonzó de ser llamado su Dios, y les preparó una ciudad.

HEBREOS 11:13–16

Fíjense bien en el misterio que les voy a revelar: No todos moriremos, pero todos seremos transformados, en un instante, en un abrir y cerrar de ojos, al toque final de la trompeta. Pues sonará la trompeta y los muertos resucitarán con un cuerpo incorruptible, y nosotros seremos transformados.

1 CORINTIOS 15:51–52

De hecho, sabemos que si esta tienda de campaña en que vivimos se deshace, tenemos de Dios un edificio, una casa eterna en el cielo, no construida por manos humanas.[2]

2 CORINTIOS 5:1

La eterna primavera

El equinoccio vernal es la época del ciclo de estaciones en que el día y la noche tienen igual duración. Los niños, que desearían festejar con Pan y su espíritu de eterna primavera, dirán que las noches son más largas (si bien los padres cansados del invierno posiblemente lo refuten). No debe haber nadie en todo el mundo que no ame la estación a la que Browning se refirió cuando escribió: «Dios está en el cielo... Todo está bien en la tierra».

Las agujas de pino se secan y caen, nuevos mantos de verde ocultan las pocas hojas que no quisieron dejar el árbol paterno. El ciruelo de jardín se viste de brotes rosados, una imagen que siempre me llena de gratos recuerdos y nostalgia. Me viene a la memoria la voz de mi padre cantando el viejo himno: «El día radiante». Hoy era justamente uno de esos días engañosamente cálidos, sin una nube en el cielo; bastaba solo un poco de imaginación para pensar que el ciruelo en flor se asemejaba al « árbol de la vida que florece por la eternidad», esparciendo su fragancia por una tierra que renace. Incluso el buitre, que revoloteaba en busca de señales de muerte, se ha dado por vencido y ha emprendido el vuelo.

Y, aunque resulte paradójico, fue la muerte lo que produjo esta increíble y deslumbrante belleza. Cada brizna de hierba bajo mis pies germinó de las semillas del año pasado. Cada narciso no fue más que un bulbo seco y marrón, que ocultaba en su interior la áurea trompeta. Cada flor ahora parece la imagen misma del sol, atrapada en el luminoso cáliz. La voz de mi padre recobra su sonoridad en mi memoria: «Me han contado de una tierra donde siempre brilla el sol».

Ese lugar existe; aquel día llegará; y nosotras, a su imagen, seremos llevadas para encontrarnos con él ... y brotaremos como los narcisos para reflejar el esplendor del sol.[63]

June Masters Bacher

MEDITACIONES ACERCA DE

La eterna primavera

Luego el ángel me mostró un río de agua de vida, claro como el cristal, que salía del trono de Dios y del Cordero, y corría por el centro de la calle principal de la ciudad. A cada lado del río estaba el árbol de la vida, que produce doce cosechas al año, una por mes; y las hojas del árbol son para la salud de las naciones. Ya no habrá maldición. El trono de Dios y del Cordero estará en la ciudad. Sus siervos lo adorarán; lo verán cara a cara, y llevarán su nombre en la frente. Ya no habrá noche; no necesitarán luz de lámpara ni de sol, porque el SEÑOR *Dios los alumbrará. Y reinarán por los siglos de los siglos.*

APOCALIPSIS 22:1–5

Que regaré con agua la tierra sedienta,
y con arroyos el suelo seco;
derramaré mi Espíritu sobre tu descendencia,
y mi bendición sobre tus vástagos,
y brotarán como hierba en un prado,
como sauces junto a arroyos, [ha dicho el SEÑOR*].*

ISAÍAS 44:3–4

La bondad y el amor siempre me seguirán

En su andar diario con Dios, David, aprendió que el Buen Pastor era suficiente para suplir todas sus necesidades. Podía decir por experiencia: «La bondad y el amor me seguirán todos los días de mi vida».

Cuando contemplo el futuro no puedo ver «todos los días de mi vida» que tengo por delante. David dijo «TODOS» los días, de enero a diciembre, no solo los días radiantes sino también los días oscuros, no solo los días fáciles sino también aquellos días difíciles. No habló de meses o años, sino de «días»: los «días de mi vida», y todos los días de mi vida.

¿Nos preguntamos qué nos deparará el año que viene o el mes que viene o mañana? Independientemente de lo que nos suceda, nunca habrá un día en que nos falte el cuidado de Dios, porque el bien y la misericordia de Dios nos seguirán siempre. Su bondad y amor nos acompañarán todos los días en nuestro peregrinar sobre esta tierra.

Dios no puede ir contra sus atributos. David escribió: «Prueben y vean que el Señor es bueno» (Salmo 34:8).

Pablo escribió: «Dios, que es rico en misericordia» (Efesios 2:4).

Alguien ha dicho: «Bondad para suplir toda necesidad, misericordia para perdonar todos los pecados; bondad para que nada nos falte, amor para perdonar».

David dijo: «CIERTAMENTE el bien y la misericordia me seguirán». Tenemos esta seguridad porque Dios nunca ha dejado de cumplir sus promesas en el pasado; ha dado su Palabra y siempre la ha cumplido. Podemos tener la certeza de que su bondad y amor están hoy con nosotros.

Es una promesa tan personal para nosotros como lo fue para David. Podemos decir: «ME seguirán todos los días de MI vida».

Cuando llegue la hora postrera de mi vida sobre esta tierra, podré decir: «En la casa del SEÑOR habitaré para siempre». Jesús prometió: «En el hogar de mi Padre hay muchas viviendas; si no fuera así, ya se lo habría dicho a ustedes. Voy a prepararles un lugar. Y si me voy y se lo preparo, vendré para llevármelos conmigo. Así ustedes estarán donde yo esté» (Juan 14:2-3).[64]

Millie Stamm

MEDITACIONES ACERCA DE

La bondad y el amor siempre me seguirán

Pero Dios, que es rico en misericordia, por su gran amor por nosotros, nos dio vida con Cristo, aun cuando estábamos muertos en pecados. ¡Por gracia ustedes han sido salvados! Y en unión con Cristo Jesús, Dios nos resucitó y nos hizo sentar con él en las regiones celestiales, para mostrar en los tiempos venideros la incomparable riqueza de su gracia, que por su bondad derramó sobre nosotros en Cristo Jesús.

EFESIOS 2:4–7

Cuán grande es tu bondad,
que atesoras para los que te temen,
y que a la vista de la gente derramas
sobre los que en ti se refugian.

SALMO 31:19

Él mismo [el SEÑOR] los salvó;
no envió un emisario ni un ángel.
En su amor y misericordia los rescató;
los levantó y los llevó en sus brazos
como en los tiempos de antaño.

ISAÍAS 63:9

El Dios de todo consuelo

No creo que haya dicha mayor en la vida que la realidad de ser consolado. Durante la niñez recibíamos consuelo cuando después de una caída o una desgracia nuestra madre nos ponía sobre su falda y mimándonos, con ternura, nos rodeaba con sus brazos y nos besaba el cabello. Como adultos, es un consuelo después de un día arduo en el trabajo, calzarnos las pantuflas y arrellanarnos en un sillón cómodo al lado del fuego y con un libro. También es un consuelo reencontrarnos con un ser querido que ha estado muy enfermo, casi al borde de la muerte, cuando recupera la salud.

Tenemos un «Dios, que consuela a los abatidos» (2 Corintios 7:6); solo porque estamos abatidos podemos clamar el consuelo de Cristo. El salmista nos recuerda que Dios «volverá a consolarnos» (Salmo 71:21), con su consuelo que todo lo abarca.

El «Dios de todo consuelo» envió a su Hijo a ser el Consolador de un mundo angustiado.

Nuestro Consolador está a nuestro lado. Él está con nosotros, y Jesús dijo: «La paz les dejo; mi paz les doy. Yo no se la doy a ustedes como la da el mundo. No se angustien ni se acobarden» (Juan 14:27).

¿Cómo vivir angustiados y acobardados cuando podemos confiar en estas palabras tiernas de amor? El consuelo de Dios es continuo y abundante, pero debemos aceptarlo para recibirlo. Al igual que con otras experiencias de la vida espiritual, recibimos el consuelo de Dios cuando lo aceptamos. Dios dice: «Cree, y entonces sentirás».

Si deseamos ser consoladas, debemos tomar la resolución de creer todas las palabras de consuelo que Dios ha pronunciado; y negarnos a prestar atención a cualquier voz de desánimo que murmure nuestro propio corazón frente a nuestras circunstancias.[65]

Hannah Whitall Smith

Meditaciones acerca de

El Dios de todo consuelo

Oh Dios, tú has hecho grandes cosas;
tu justicia llega a las alturas.
¿Quién como tú, oh Dios?
Acrecentarás mi honor y volverás a consolarme.

Salmo 71:19, 21

Que sea tu gran amor mi consuelo,
conforme a la promesa que hiciste a tu siervo.

Salmo 119:76

Ustedes los cielos, ¡griten de alegría!
Tierra, ¡regocíjate!
Montañas, ¡prorrumpan en canciones!
Porque el Señor consuela a su pueblo
y tiene compasión de sus pobres.

Isaías 49:13

[Jesús dijo:] Dichosos los que lloran, porque serán consolados.

Mateo 5:4

HASTA EL FIN DE MIS DÍAS

«Hasta aquí nos ayudó Jehová»

1 SAMUEL 7:12, REINA VALERA 1960

La frase «hasta aquí» se parece a un dedo índice señalando el pasado. El SEÑOR no había dejado de ayudarlos «durante mucho tiempo»; habían pasado veinte años, pero si hubieran sido setenta, daba lo mismo porque «hasta aquí nos ayudó [el SEÑOR]». En la pobreza y en la riqueza, en enfermedad y salud, en nuestro país y en el extranjero, en tierra, mar y aire, en medio de la honra, la deshonra, las dificultades, las alegrías, las pruebas, los triunfos, la oración y la tentación: «¡Hasta aquí nos ayudó el SEÑOR!».

Es hermoso mirar a lo largo de una avenida bordeada de hermosos árboles. Es como encontrarse en una especie de templo natural: los troncos se asemejan a sólidas columnas sosteniendo los arcos formados por las copas de árboles. Así como la mirada se pierde en una bella avenida bordeada de árboles, ¿por qué no miras el camino recorrido en los años de tu vida? Observa las vigorosas ramas de la misericordia de Dios sobre tu cabeza, y los firmes pilares de su amor y fidelidad que te han llenado de gozo. ¿Ves a los pájaros que trinan en las ramas? Si miras más detenidamente, verás que son muchos, porque están alabando el amor de Dios que han recibido «hasta aquí», que nunca han dejado de recibir.

Pero la frase también apunta hacia delante. La persona que llegado a un punto escribe «hasta aquí», es porque sabe que todavía no ha llegado al fin del camino, el viaje no ha terminado, todavía hay más distancias que recorrer, más pruebas, alegrías, tentaciones, batallas, derrotas, victorias, oraciones, respuestas, trabajos, y nuevas fuerzas por delante...

¿Termina la vida con la muerte? ¡No! Tenemos más esperanzas: resucitar a semejanza de Jesús, tronos, arpas, salmos, «vestiduras blancas» (Apocalipsis 3:5), ver a Jesús cara a cara, la comunión de los santos y la gloria de Dios, la eternidad y el gozo sin fin. Querida hermana en el SEÑOR: «Ten valor, cobra ánimo» (Salmo 27:14), y con gratitud y confianza alaba a tu SEÑOR.

El SEÑOR que «hasta aquí» te ayudó
te ayudará siempre en tu camino.

Cuando las palabras «hasta aquí» se lean en el esplendor celestial, ¡qué glorioso y maravilloso futuro se nos revelará! [66]

Extracto de Manantiales en el desierto.

Meditaciones acerca de

Hasta el fin de mis días

El Señor *mismo marchará al frente de ti y estará contigo; nunca te dejará ni te abandonará. No temas ni te desanimes.*
Deuteronomio 31:8

[Jesús dijo:] Y yo le pediré al Padre, y él les dará otro Consolador para que los acompañe siempre: el Espíritu de verdad, a quien el mundo no puede aceptar porque no lo ve ni lo conoce. Pero ustedes sí lo conocen, porque vive con ustedes y estará en ustedes. No los voy a dejar huérfanos; volveré a ustedes.
Juan 14:16–18

Pero ahora, así dice el Señor
el que te creó, Jacob, el que te formó, Israel:
«No temas, que yo te he redimido;
te he llamado por tu nombre; tú eres mío.
Cuando cruces las aguas,
yo estaré contigo;
cuando cruces los ríos,
no te cubrirán sus aguas;
cuando camines por el fuego
no te quemarás ni te abrasarán las llamas».
Isaías 43:1–2

[Jesús dijo:] Enseñándoles a obedecer todo lo que les he mandado a ustedes. Y les aseguro que estaré con ustedes siempre, hasta el fin del mundo.
Mateo 28:20

Ya no habrá más llanto

¿Tienes dificultad de noche para conciliar el sueño? Cuanto más deseas dormirte, más vueltas das en la cama. El insomnio puede deberse a una angustia, un dolor o una desilusión. Durante las horas oscuras de la noche, las lágrimas se deslizan. Tenemos roto el corazón. La soledad nos embarga.

David sabía lo que era el llanto: «Toma en cuenta mis lamentos; registra mi llanto en tu libro. ¿Acaso no lo tienes anotado?» (Salmo 56:8). La historia nos enseña que en Persia y Egipto las lágrimas de los deudos a veces se recogían en un frasco que luego se enterraba con la persona. David le pidió a Dios que guardara sus lágrimas en un frasco y registrara su llanto en su libro.

A veces los pequeños lloran desconsoladamente cuando se les rompe un juguete. El padre o la madre lo arreglan y cuando se lo devuelven al niño, una sonrisa se esboza entre las lágrimas. Otras veces, el juguete no tiene arreglo. Entonces el padre debe proveer un consuelo especial porque el juguete deberá reemplazarse por otra cosa.

Nuestras lágrimas a veces brotan de un corazón roto. Dios lo repara y volvemos a sonreír a través de nuestro llanto. Pero otras veces Dios sabe que para nuestro propio bien debe suprimir algo de nuestra vida, algo que tal vez queramos mucho. No podremos dejar de llorar, tal vez no comprendamos el porqué, pero Dios lo está haciendo por nuestro propio bien. Sin embargo, Dios nunca quita algo de nuestra vida sin reemplazarlo por otra cosa. Alguien ha dicho: «Las cosas perdidas nos permiten descubrir otras mejores». Nadie puede consolarnos como Dios. Él nos comprende como nadie más puede comprendernos.

Llegará un día en que no habrá más llanto, Dios enjugará toda lágrima de los ojos. Entonces viviremos con él por la eternidad: «Él les enjugará TODA lágrima de los ojos. Ya no habrá muerte, ni llanto, ni lamento ni dolor, porque las primeras cosas han dejado de existir» (Apocalipsis 21:4).[67]

Millie Stamm

MEDITACIONES ACERCA DE

Ya no habrá más llanto

Aquéllos son los que están saliendo
de la gran tribulación; han lavado
y blanqueado sus túnicas en la sangre del Cordero.
Por eso, están delante del trono de Dios, y día y noche le
sirven en su templo;
y el que está sentado en el trono
les dará refugio en su santuario.
Ya no sufrirán hambre ni sed.
No los abatirá el sol ni ningún calor abrasador.
Porque el Cordero que está en el trono
los pastoreará y los guiará a fuentes de agua viva;
y Dios les enjugará toda lágrima de sus ojos.

APOCALIPSIS 7:14–17

Un nuevo mundo

Alrededor de nosotras, flota como la niebla:
el mundo que no vemos;
pero cierra los ojos
y allí te encontrarás.

Su suave brisa nos acaricia las mejillas
en medio de los afanes terrenales;
voces dulces susurran amor,
y se elevan con nuestra oración.

Los corazones en derredor laten y palpitan,
manos generosas se levantan
y con suspiros casi imperceptibles
palpan el velo del mas allá.

El silencio, sublime y dulce,
no pueden quebrar;
no hay mortal que en palabras
lo pueda describir.

Delicadas, suaves, se deslizan
procurando llegar;
las imágenes arrullan nuestro reposo,
se funden en nuestros sueños.

En el silencioso descanso,
ahora es fácil entender:
¡qué hermoso y dulce será
cuando llegue la hora de morir!

Cierras los ojos, dejas de escuchar,
una dicha sin par te envuelve,
sus brazos de amor te rodean,
este mundo por fin dejarás.

No sabes si sueñas o si estás despierta,
no sabes dónde estás,
sientes que la maldad se aleja,
ya no hay tristeza ni pesar.

Dulces almas a nuestro alrededor
nos observan, nos alientan,
en pensamiento y con ternura,
nos acompañan en la oración.

Que la muerte no se interponga
más que el lecho seco de un río;
que el sufrimiento de la vida sea un sueño,
y el gozo eterno, la única realidad.

Harriet Beecher Stowe

Meditaciones acerca de

Un nuevo mundo

Oí una potente voz que provenía del trono y decía: «¡Aquí, entre los seres humanos, está la morada de Dios! Él acampará en medio de ellos, y ellos serán su pueblo; Dios mismo estará con ellos y será su Dios. Él les enjugará toda lágrima de los ojos. Ya no habrá muerte, ni llanto, ni lamento ni dolor, porque las primeras cosas han dejado de existir».

El que estaba sentado en el trono dijo: «¡Yo hago nuevas todas las cosas!» Y añadió: «Escribe, porque estas palabras son verdaderas y dignas de confianza» ...

Se acercó uno de los siete ángeles que tenían las siete copas llenas con las últimas siete plagas. Me habló así: «Ven, que te voy a presentar a la novia, la esposa del Cordero». Me llevó en el Espíritu a una montaña grande y elevada, y me mostró la ciudad santa, Jerusalén, que bajaba del cielo, procedente de Dios. Resplandecía con la gloria de Dios, y su brillo era como el de una piedra preciosa, semejante a una piedra de jaspe transparente.

Apocalipsis 21:3–5, 9–11

Por la fe divisamos desde aquí
un lugar más radiante que el día;
el Padre allí nos acompaña en el camino
y nos prepara un lugar de morada.

En el dulce porvenir,
nos reuniremos en aquel hogar celestial;
En el dulce porvenir
nos reuniremos en aquel hogar celestial.

En aquellas márgenes entonaremos
las dulces melodías de los benditos;
nuestro espíritu no conocerá el llanto,
ni anhelará la bendición del reposo.

En el dulce porvenir,
nos reuniremos en aquel hogar celestial;
En el dulce porvenir
nos reuniremos en aquel hogar celestial.

A *nuestro bondadoso Padre celestial,*
tributaremos nuestra adoración,
por el glorioso don de su amor
y las bendiciones que colman nuestros días.

Sanford F. Bennett

Notas

[1] Millie Stamm, Beside Still Waters [Junto a aguas de reposo], Zondervan, Grand Rapids, Michigan, 1984, pp. 52-53.

[2] Judith Couchman, Shaping a Woman's Soul [Moldeando el alma de la mujer], Zondervan, Grand Rapids, Michigan, 1996, pp. 18-19.

[3] Hannah Whitall Smith, Perfect Peace: Selections from the God of All Comfort [Paz perfecta: Selecciones del Dios de todo consuelo], Moody, Chicago, 2000, pp. 70-71.

[4] Couchman, pp. 171-3.

[5] Karen Burton Mains, en Mary Beckwith, compiladora. Still Moments [Momentos de paz], Regal, Ventura, California, 1989, p. 52.

[6] Smith, pp. 53-54.

[7] Marlene Bagnull en Still Moments [Momentos de paz], Regal, Ventura, California, 1989, pp. 74-75.

[8] Stamm, pp. 106-107.

[9] Smith, pp. 86-87.

[10] Anna Shipton, en L.B. Cowman, Streams in the Desert [Manantiales en el desierto], Zondervan, Grand Rapids, Michigan, 1997) [1940], 19 de marzo.

[11] Frances Ridley Havergal, en The Classics Devotional Bible [La Biblia de devocionales clásicos], Zondervan, Grand Rapids, Michigan, 1996, p. 929.

[12] Smith, en The Classics Devotional Bible [La Biblia de devocionales clásicos], p. 1073.

[13] Streams in the Desert [Manantiales en el desierto], 15 de enero.

[14] Elizabeth Singer Rowe, en Bernard Bangley, compilador, Near to the Heart of God [Cerca del corazón de Dios], Harold Shaw, Wheaton, 1998, 20 de diciembre.

[15] Streams in the Desert [Manantiales en el desierto], 16 de enero.

[16] Stamm, pp. 27-29.

[17] Bagnull, en Still Moments [Momentos de paz], pp. 241-242.

[18] Anne Bradstreet, en The Classics Devotional Bible [La Biblia de devocionales clásicos], p. 595.

[19] Couchman, pp. 23-24.

[20] Streams in the Desert [Manantiales en el desierto], 30 de enero.

[21] Smith, en The Classics Devotional Bible [La Biblia de devocionales clásicos], p. 1467.

[22] Neva B. True, en Still Moments [Momentos de paz], pp. 122-123.

[23] Julian de Norwich, en Near to the Heart of God [Cerca del corazón de Dios], 15 de febrero.

[24] Couchman, pp. 79-80.

[25] Stamm, pp. 16-17.

[26] Near to the Heart of God [Cerca del corazón de Dios], 21 de junio.

[27] Catherine Parr, en Near to the Heart of God [Cerca del corazón de Dios], 13 de marzo.

[28] Couchman, pp. 104-105.

[29] Streams in the Desert [Manantiales en el desierto], 26 de octubre.

[30] Teresa de Ávila, en Near to the Heart of God [Cerca del corazón de Dios], 28 de marzo.

[31] Stamm, pp. 82-83.

[32] Beryl Henee, en Still Moments [Momentos de paz], pp. 23-24.

[33] Couchman, pp. 94-96.

[34] Edith Willis Linn, en Streams in the Desert [Manantiales en el desierto], 15 de febrero.

[35] June Masters Bacher, Quiet Moments for Women [Momentos de devoción para la mujer], Harvest House, Eugene, Oregón, 1979, 10 de octubre.

[36] Streams in the Desert [Manantiales en el desierto], 4 de diciembre.
[37] Josephine Smith, en Still Moments [Momentos de paz], pp. 25-26.
[38] Bacher, 3 de mayo.
[39] Beverly Hamilton, en Still Moments [Momentos de paz], pp. 39-40.
[40] Couchman, pp. 182-184.
[41] Haveral, en The Classics Devotional Bible [La Biblia de devocionales clásicos], p.1058.
[42] Carolyn Johnson, en Still Moments [Momentos de paz], pp. 37-38.
[43] Streams in the Desert [Manantiales en el desierto], 24 de febrero.
[44] Joan Bay Klope, en Still Moments [Momentos de paz], pp. 49-50.
[45] Hamilton, en Still Moments [Momentos de paz], pp. 59-60.
[46] Dorothy Patterson, en The Women's Devotional Bible I [La Biblia devocional de la mujer I], Zondervan, Grand Rapids, Michigan, 1990, p.272.
[47] June Gunden, en The Women's Devotional Bible I [La Biblia devocional de la mujer I], p. 383.
[48] Gini Andrews, en The Women's Devotional Bible I [La Biblia devocional de la mujer I], p. 592.
[49] Ruth A. Tucker, en The Women's Devotional Bible I [La Biblia devocional de la mujer I], p. 646.
[50] Susan L. Lenzkes, en The Women's Devotional Bible I [La Biblia devocional de la mujer I], p. 681.
[51] Janice Kempe, en The Women's Devotional Bible I [La Biblia devocional de la mujer I], p. 1067.
[52] Havergal en The Women's Devotional Bible I [La Biblia devocional de la mujer I], p. 778.
[53] Dave y Jan Dravecky, Do Not Lose Heart [No desfallezcas], Zondervan, Grand Rapids, Michigan, 1998, p. 137.
[54] Julian de Norwich, en Near to the Heart of God [Cerca del corazón de Dios], 29 de diciembre.
[55] Christina Rossetti, en The Classics Devotional Bible [La Biblia de devocionales clásicos], p. 675.
[56] Wilma Brown Giesser, en Still Moments [Momentos de paz], p. 262
[57] Streams in the Desert [Manantiales en el desierto], 26 de julio.
[58] Hannah Whitall Smith, en The Women's Devotional Bible I [La Biblia devocional de la mujer I], p. 237.
[59] Anne Bradstreet, en The Classics Devotional Bible [La Biblia de devocionales clásicos], p. 1360.
[60] Carol L. Baldwin, en The Women's Devotional Bible I [La Biblia devocional de la mujer I], p. 638.
[61] Marie Chapian, en The Women's Devotional Bible I [La Biblia devocional de la mujer I], p. 838.
[62] Streams in the Desert [Manantiales en el desierto], 21 de octubre.
[63] Bacher, 21 de marzo.
[64] Stamm, p. 34-35.
[65] Smith, Perfect Peace [Paz perfecta], pp. 28-29.
[66] Streams in the Desert [Manantiales en el desierto], 31 de diciembre.
[67] Stamm. pp. 76.77.

Nos agradaría recibir noticias suyas.

Por favor, envíe sus comentarios sobre este libro

a la dirección que aparece a continuación.

Muchas gracias.

Editorial Vida
7500 NW 25 Street, Suite 239
Miami, Florida 33122

Vida@zondervan.com
www.editorialvida.com